N
0
250
500
km
鳥取
島根
京都
兵庫
岡山
広島
大阪
山口
香川
奈良
徳島
和歌山
福岡
愛媛
高知
佐賀
長崎
大分
熊本
宮崎

タグボートによる日本列島一周の航海日誌

あと三日で八十六才の誕生日。設備の整った有料老人ホームに入所して、第五の人生を過ごすべく身辺を整理していたら、十四年前に愛艇摩耶号で日本列島を一周した航海日誌が出てきたので懐かしく見ていると十四年のことが思い出され、その時に書けなかったことを思い出し、少しまとめるために八十五才十一ヶ月二十八日の超老人が、航海日誌の中へ出港する。

小さな夢も大きな夢も、夢を見ながら七十余年、夢うつつの人生か?その残り少ない人生に夢を求めて飛び出すときが来た。少しの罪と愛を意識しながらのヨットによる日本一周に挑戦しよう。摩耶号に給油満タン、水も満タン、冷蔵庫にビール、酒、焼酎もＯＫ。

「七月一日」（日）（出発日）くもり　ＡＭ五時十分、大阪港のある船溜まりから出港する。乗組員は、私（七十一才）と私の会社の元社員中村（六十九才）元社員原田（六十七才）とその友人の立花（神主で六十五才）の老人たちの四人。私は海が好きで小さい頃から〈海は広いな大きいなー海にお船を浮ばせてー行ってみたいなよその国〉この童謡を歌いながら捕鯨船に乗って七ツの海を駆け巡るのが私の夢でありましたが、石田家の長男に生まれて父親が経

住吉大社の正面大鳥居の奥に太鼓橋（反橋）が見える

営（二代目）する精密金型製造業の会社に就職して三代目として会社を継ぐことになりましたが、息子の幸雄が四十五才になった時に社長を交代して、現在は代表取締役会長になり経営の表舞台から身を引いて人生を楽しんでいます。

出港した摩耶号から見る大阪湾は、船尾から見れば琵琶湖から流れ出た淀川があり、都会の梅田のビル街があり、南の中心である難波から聖徳太子が建てたとされる天王寺がありその後方には千年の古都、京都が有りその右側には京都より古い奈良がある。海に戻れば、右舷の五時の方向から、住吉の海の守り神である住吉大社は、一寸法師と住吉大社と知られる。御伽草子の話では、一寸法師の旅立ちは住吉大社を象徴する太鼓橋（反橋）や鳥居の前に広がる住吉の浜から、お椀に乗っている姿として描かれている。現在の住吉大社は海岸から遠く離れているが、埋め立てが進む以前はすぐ近く迄大阪湾が迫っていた。住吉大社によると境内の西側は、海の棹（さお）で航海できる範囲すべてが大社の領海と書かれているため一寸法師は大社から出発したともいえる。境内には「種貸社（たねがし）」という末社が鎮座し直径二メートルのお椀や手水舎に高さ二〇メートルの一寸法師の像がある。

住吉大社は海の安全の守り神であるため、全国至るところに住吉神社がある。それも海岸沿いに多く、それに港がある付近に多くある。そのため漁船の名前には「住吉丸」とか「〇〇第一住吉丸」とついた漁船を多くみかける。

その向こうに江戸時代から貿易で栄えた堺、岸和田、泉州、そして関西国際空港から和歌山があり、その港加太があり、友ヶ島がある、（友ヶ島には、第二次世界大戦の砲台跡が残っている）その向かいが兵庫県の淡路島で大阪湾から太平洋に行く船の出入口である友ヶ島水道がある。又、右舷の二時方向からは、尼崎、西宮（えびす神社あり）、高級住宅として知られる芦屋の住宅街があり、そして神戸がある。西宮から神戸にかけて酒蔵がずらりと並んでいる灘五郷があり、江戸時代、西宮から下り酒として江戸に送られる。灘五郷の酒造家は、下り酒として江戸積みで飛躍的に発展し、港は樽廻船の発着地として重要になり灘五郷より集められた新酒は、文政（一八二二）には全国から江戸へ送り込まれた酒が近世を通じて最高になりその記録は(一一九万一、五〇五樽)約八、六〇〇ℓになり、この灘の酒下り酒が江戸市中に六七%に達した。発着になった今津港(西宮市)には文化七(一八一〇)年に、今津灯台(写真)が酒造家によって建造される。

　次に源平の戦いの合戦場であった須磨一の谷(熊谷次郎直実と平敦盛の首と、青葉の笛が有名)があり、明石海峡大橋は、兵庫県神戸市垂水区東舞子町と淡路市岩屋を結ぶ明石海峡を横断して架けられた世界最長の吊り橋で全長三九一一メートル中央間一九九一メートルである。本州と四国を結ぶ三本の本四連絡橋レートの一つ「神戸淡路鳴門自動車道」の一部として併用されている。建設は一九九八年四月五日で地上高二八三メートル桁下高六五メートルである。

　平敦盛の青葉の笛は、須磨寺に保管されていて見学することができる。やがて明石海峡大橋があり、淡路島と繫がっていて、この明石海峡が大阪湾からのもう一つ船の出入口があ

り、美しい島並が続き、国立公園の瀬戸内海であり九州迄の航路である。明石海峡から瀬戸内海の航路は、大小と島々が九州関門海峡迄切れ目なく繋がり、その風景は何ものにも例えようのない美しさである。

その内に間もなくいつも見慣れてる淡路島をじっと見ていた立花さんが古事記に出てくるイザナギノミコトとイザナミノミコトが高天原から降って最初に作った島が淡路島やと言うことは知ってはりまっしゃろ「そら知ってる」ほんなら淡路島の中に、イザナギ、イサナミノミコトの神宮があるの知ってはりまっか」「そら知らんかった」「立派な神宮でっせぇ」「ヘェーオオ立花さん、あんた神主やから、これから日本列島一周するねんから海辺だけでもいいから、そんな話聞かせてくれや」。

摩耶の乗員四人は大阪生まれの大阪育ち、小さい頃から初代天皇神武天皇の御陵が橿原神宮に初参りして神武（じんむ）（在位紀元前六六〇—同五八五年）二代綏靖（ずいぜい）―三代安寧（あんね）―四代懿徳（いとく）―五代孝昭（こうしょう）―六代孝安（こうあん）と続き十二代景行（けいこう）天皇を父に持つヤマトタケルノミコト（日本武尊）が「倭は　国のまほろば　たたなづく　青垣（あおがき）　山籠（やまごも）れる　倭（やまと）し　美（うるは）し」と歌った大和育ちである。したがって幼い頃から古事記、日本書紀と親しんで来た。国語で習った「民のかまど」の聖王伝承の代十六代仁徳天皇「仁徳天皇陵」（世界最大ともいわれる）も見ていた日本国歴史の中で育った大和の民である。何よりも四十五代聖武天皇が造立した奈良の大仏さんには小学校の日帰り遠足の行き先であった。又淡路島と言えば立花さんの古事記ではないが。源氏物語第三の明石で、天皇の二男でありながら政争に敗れ須磨に赴いた光源氏が淡路島を歌んでいる。

「あはと見る淡路の島のあはれさへ
　残るくまなく澄める夜の月」

（あれは淡路島か、あわれと昔の人の眺めた島の風情までわたしの望郷の想いに重ねて残るくまなく照らしている澄み渡った今宵の月よ）

紫式部は、源氏物語の明石の巻で須磨、明石の（恋の歌も含め）風景を交えた歌を多く読んでいるが須磨、明石に来てこの美しい眺めを実際に見たのかなと考えていると立花さんが

「ヘイ解りました」と古事記の話。もともと、立花さんはこの計画のメンバーに入ってなくて、中村と原田三人で日本一周の計画を立てていて、出発の三日前に立花さんからの電話で「会長さん、わしも乗せとっくなはれ」「あかん、三人で行くつもりや」「そんなん言わんと連れていっとくなはれ」「あんた神主の仕事どないすんねん」計画を立ててた三人は、しごとを引退して暇人ばっかりで日本一周するのに何の障害もないけど、立花さんは神社を代表する神主。「それは何とかなりまんねん。うち夏祭りおまへんねん。秋祭りだけでんねん」嫁はんはどない言うとんねん。「行ってもいい言うとりまんねん」立花さんとの電話の話、複雑な気持ち。それは、三日前に康子（立花さんの妻）にメールで七月一日に出発するので、しばらく会えないと発信すると、直ぐ返信のメールで、今すぐ会いたいので三時にいつもの所で待ってます。返事はいりません、と一方的なメール。三時に落ち合い、いつもの様に直ぐベッドへ。康子、はだかで何時もよりもきつく抱き付き「行くのやめて」返事せず黙っていつもの体位で動き始める。康子いつもの様にあえぎねぇねぇ求める。それにこたえてそれからセックスの戦争である。一時間位続ける。康子、何回も失神する。いつもの通りのセックスである。康子、腰が抜けたように歩けないのでベットの中での話で「輝雄（立花）がこんなチャンス「ヨットで日本一周」が無いので、会長さんと一緒に行きたい言うてんねん」どない言うてん「段取りさえつけば行ってもいい言うてんねん」ええ。またセックスの続き、康子が痙攣したので止める。康子とのセックスはそうっとすますことは不可能である。普段は神社で育っておとなしい淑女が二人で愛し合うと途端に所かまわず人格が一変する。初めは戸惑いびっくりしてどうないしようとオドオドしたが、今はそれが当たり前になって十年も続いている。と言う訳で、立花さんからいずれ電話があることがわかっていたが、知らぬふりで、そうやな、あんたとこの嫁はんも神主やしなぁ。「そうでんねん」長い航海になるぞ。その間に嫁はん浮気しよんど「それはおまへん。互いに神に仕える身やから絶対におまへん」めでたい奴やなと思いながら、後の二人にも電話しとけよ「わかりました」と元気な声。ほんで出発は一日やど。一日前に船で泊まるから三十日の昼には来いよ。「わかりました」と言うことで立花さんも一緒に行くことになり、イザナミノミコトの話になる。

立花さんには古事記の話。海から見える範囲でいいからな。そうでなかったら楽しい日本一周の旅が古事記の勉強会になって楽しみが損なわれるからな。と念を押す。神主になるためには神主学校で古事記を徹底的に勉強するらしい。なんでも祝詞を作るのに古事記を知らんかったら祝詞作る（作文）ことが出来ないとか。参考までに。古事記は和銅五（七一二）年に完成した日本最古の書物（日本書紀は養老四（七二〇）年にできた日本最初の正史（国家編纂の歴史書）ともに四十代天武天皇が編纂を命じた。古事記は、朝廷や氏族が伝える帝紀（天皇の系譜）と旧辞（朝廷の伝承、説話や物語）を編集して誤りを正し、稗田阿礼の暗誦を大安万呂が筆録した。三巻仕立てて天地創成から三十三代推古天皇までの出来を物語風に書いたもの。日本書紀は、六人の皇子と六人の官人が編集に携わり、四十年の歳月をかけて天武天皇の子の舎人親王がまとめ上げた。全三〇巻で神話は最所の二巻のみ。年代を追って書く編年体で四十一代持統天皇までの天皇の事績に紙幅を割いている。

立花さんとの電話の一時間後に康子から「早く帰って来て。全身から愛してます」と泣きの顔文字とメールがあった。

出発前の六月三十日の朝出港する大阪の港に行く前に、私の長男の嫁真知子にせがまれて真知子を抱いたが途中から月経が始まって血だらけになる。それでもお義父さま好きですと泣いていた。愛しい真知子よ。

明石海峡大橋の神戸側から淡路島に渡ると直ぐ漁港があり漁船がたくさん係留されてい

るが、潮流が激しくぶつかる明石海峡は古来より魚の豊かな魚場でした。その海岸沿に「蛭子神社」（写真）があり道沿いに直ぐ絵島がある。写真がそれ（古事記ではおのごろ嶋）。国生み始めの島である。この蛭子はイザナギ、イザナミが最初に生んだこどもは蛭子でつまり兵庫県西宮市にある「総えびすの西宮神社」ご神体である。日本書紀「一此の児三歳に満つるも脚尚し立たず」イザナギ、イザナミに捨てられ海に流されて神戸の和田岬（摩耶が明石に着く前に右舷に見えていた）の沖で魚師が見つけ憐れみ祭ったのが西宮えびす神社である。又、源氏物語にも光源氏が「蛭子」を取り上げているのが興味深い。

時の朱雀帝の寵姫（ちょうき）との恋がばれて須磨に流された光源氏が

（異母兄）の朱雀帝に許されて兄と再会した時に詠んだ歌が

「わたつ海に沈みうらがれ

蛭の子の足立たざりし年は経にけり」

巻三（蛭の子は三年まで足が立たずわたしの流浪も三年遠い海辺にうらぶれて蛭児のように足萎えました）と歌っている。この蛭子について古事記では、イザナギノミコトが「イザナミノミコトに、私の成り成りて成りあまったところがあります」すると、イザナミノミコトが私の体には成り成りて成りあわない所があります」そうか、それでは、私の成りあまったものをあなたの成りあわないところに刺し入れて国を生もうと思うが、それがいいわとイザナギとイザナミは聖なる天の御柱を廻って、刺し入れようではないかとういうことでイザナミは、右から廻って、私イザナギは左から廻って二人が出会った所で刺し入れようとなり、御柱を廻って顔を合わせた時、イザナミが先に「まあなんてすばらしい男

なの」後にイザナギが「なんてすばらしい娘だろう」と言って結ばれて出来たのが蛭子と言う不具な児であったため葦の船乗せて捨てた。二人は天つ神のところに行って何で不具な児が出来たと聞いた時天つ神が鹿の骨を焼いて占ったところ、女が先に声を掛けたのがよくないので再び島に帰って、天の御柱を前のように廻ってこんどはイザナギノミコトが「なんて美しい娘だろう」と言いあとからイザナミノミコトが「なんてすてきな男だろう」と言って、男と女のいとなみをして生まれたのが淡直之穂挟分津島と言うことで神代の昔から女の方からあれをしたいわと声をかけると不具の児が生まれるので現在までも女が先にあれしたいと言うのは、はしたないと言うのは、ここから生まれたとか生まれなかったとかは、神主立花さんの話。

明石海峡大橋を六時四十分に通過。明石海峡の水深は最大一三五メートルで巾は四キロメートルの潮流は最大九ノットで一日の通船は一、四〇〇隻以上ある。そのまま船首を西に向けると右舷前方に国の有形文化財である明石天文台の塔時計と丸い屋根が見えるのは日本標準時子午線、東経一三五度上は、又日本海の久美浜を過ぎ夕日が浦の磯と網野あたりの一三五度子午線をふたたび摩耶号はまたぐことになる。

ＡＭ八時五十分頃左舷前方に小豆島が姿を現わす。早い。（早いとは、あらかじめ何処を何時頃通過するか計算されている時間のことで、その予定より、潮の流れとかで早く過ぎるか、着くことを言う）今日の明石海峡の潮流は転流が〇三三五分で西流の最強が〇六時五九分三・八ノットなので三・八ノット西流でルン〳〵気分。次の転流が一〇時三三分なので三・八キロの潮に乗ったことになる。

小豆島は映画二十四の瞳で有名になった島である。「何年か前にこの小豆島に中村と原田と三人でやはり船で小豆島八十八ヶ寺の朱印を頂きにお参りした島で、その時知り合った島の人の何人かは今も年賀状のやり取りをしていて、小豆島に行けばいつもお酒を酌み交わすことの出来る友人が居る。小豆島の隣りの直島にもヨット仲間がいて今でも交友がある。その小豆島の東北側の本州に北前船が寄港した歴史ある天然の良港室津港があり、江戸時代参勤交代の時九州の大名や四国の大名が泊る本陣宿が何軒かあり船乗りのための遊郭もあった港であるが二艇目ヨットを購入した時は、大阪の海が汚くて少しでも綺麗な海を求めて西へ西へ行き辿り着いたのが室津港で、この室津に十年間程お世話になり地元のヨットマンとよくヨットレースをしたものである。室津に北前船の船主が建てた大きな屋敷が今も残っている天然の良港である。日本一周で一番目の寄港地は、室津に十年お世話になって次にヨットを置いたのが室津から西に二キロ行った所に、これも北前船が頻繁に出入りした坂越港で約十年位知合いの関係でヨットを置いていた坂越に、寄ることにする。ＰＭ二時頃に着く。早すぎる時間である。

昼頃に入っていた康子のメールを見る。社長（会長になった私に康子は今でも社長と呼ぶ）が船に乗って大阪に居ないと思うと恋しくて死ぬほど苦しいです。愛してますと短いメールを読み終えてなんとなく目の前の康子の夫である立花さんの顔を観る。この坂越から大阪の海がだいぶ綺麗になったのでヨットを大阪に置くことにしたが今は海の駅となっている坂越には今でも時々ヨットで来てるので日本を一周する前に挨拶がてら寄り道をすることにした。

海の駅にはご馳走がいっぱいあり初日からお酒とご馳走で仲間であった地元漁師も加わって大宴会となる。この海の駅は、当時の友人が経営している海の駅である。立花さん以外の二人は昔から顔なじみで楽しそうでした。坂越港には、ヨットを十年も係留しお世話になったので北前船が寄港した歴史を少し。坂越と言う地名は、すでに延暦十二（七九三）年の古文書に記されていて、また「和名類聚抄（わみょうるいじゅうしょう）」にも播磨の行政単位の一ツとして「坂越郷」が見えるなど長い歴史があります。その坂越湾の中に生島（生島樹林日本遺産）があり風や波から守られていて、天然の良港として栄え一五世紀頃より江戸時代には西廻りの航路の港として廻船問屋があり北前船が多く出入した港で、天保三（一八三二）年には坂越浦会所が出来て、赤穂藩の茶屋としての役割を持ち、二階には藩主浅野家の桶用部屋「観海楼（かんかいろう）」が設けられている。以前小生も見学したことがある。そして町はずれには、全国から来た来たの水主達が不幸にして亡くなった船乗りたちを弔った墓地が黒崎墓地としてあり青森の誰れにベェ、輪島の誰れとしての名前が他国の人を祭る墓地として五〇基位があります。

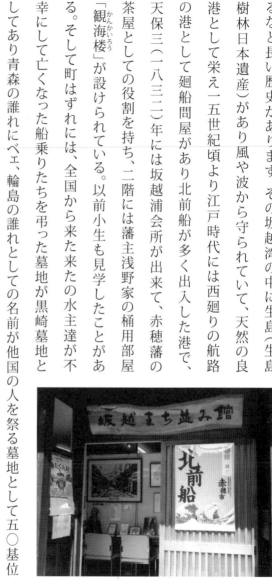

「七月二日」ＡＭ九時に坂越を出港する。兵庫県は、瀬戸内海側と日本海と海岸がふたつある。したがって兵庫県の海岸線は瀬戸内が四八四キロメートルで日本海側の海岸は一五四

忠臣蔵で有名になった赤穂城跡

キロメートルである。両方足して六三八キロメートルになる。(兵庫県県土整備部土木局港湾課)直ぐ右舷全方に赤穂岬が見える。この岬の旅館の一室に大石内蔵助の「大石の間」がある。その隣が赤穂でいわゆる塩田跡である。又、街並みも残されていて写真がその赤穂城跡である。いわゆる忠臣蔵の赤穂で、赤穂浪士が主君浅野長矩(ながのり)の無念を報いるため一七〇二(元禄十五)年十二月十四日の夜、江戸本所の吉良義史(よしなか)邸に討ち入った大石良雄以下旧赤穂浪士四十七士の国である赤穂である。

やがて右舷前方にオリーブで有名な牛窓が見える。地元の人によると、今はオリーブと言えば、オリーブの島小豆島と売り出しているが、元々は、オリーブは牛窓が最初で、牛窓のオリーブが小豆島に渡り、今、オリーブと言えば小豆島になっているが牛窓にも昔の名残に所々にオリーブの畑が見受けられる。牛窓ヨットハーバーも良く来た所である。来るたびに民宿のオジサンが帰り時にいつもくれるのがオリーブ油で揚げたサツマイモである。胸が焼けなくておいしいイモやとオジサンの自慢の品物であった。そして牛窓観光の売りは日本の地中海です。なるほど地中海らしく白亜のホテルが見えて結婚式も地中海仕立てらしい。観光地として白い建物の中には、幸せの鐘があり、二人でその鐘を鳴らせば幸せになると言う。この鐘は誰でも鳴らせて、無料である。無料で鐘を鳴らし二人が幸せになるなら儲けものである。また目を海に向けると、美しい地中海を思わせる海を見ることができる。瀬戸内の航路に出ると西の方にうっすら瀬戸大橋が見える。瀬戸大橋は、本州の岡山県倉敷市と四国の香川県坂出市を結ぶ十の橋の総称であり、瀬戸内海をまたぐ本州四国連絡橋の児島坂出ルートにあたり、橋の大部分は香川県に属する。一九八八年全線開通、それにより初めて四国と本州が陸路で結ばれた。建設一九八八年四月十日。地上一九四メートル。最与関長一、一〇〇メートル南備讃瀬戸大橋。全長一二、三〇〇メートル（海峡部九、三六七メートル）。自動車道と鉄道部で瀬戸大橋線上が自動車道でその下がＪＲ鉄道線である。

今日の寄港地は、瀬戸大橋（瀬戸中央自動車道）の余中にある香川県与島。ヨットでの日本一周は基本的には本州を廻ることですが、余島が通りすがりの島であるため香川県の余島に一泊することになる。

ゆっくり走ってPM二時頃与島に着く。連絡してあった高校時代の友人で岡山在住の栄佑夫妻がすでに与島に着き特注した特大のご馳走を用意してくれる。こんなに毎回作夜とご馳走が続けば四人共豚になって摩耶号が重たくて沈んでしまう。と思いながらキャビンで栄佑夫妻と四人でまた乾杯で宴会。ホンマニオオキニでした。この瀬戸大橋の本州側の付け根の下津井はタコの料理で有名ですが、ここも北前船の寄港地で江戸時代から北海道の特産物を満載した北前船などが数多く寄港して橋の欄干に親柱（船を繋ぐくい）があって陽が沈む頃、町行燈がともると船頭や船乗りに「まだ遊郭にあがらんか」と声を掛ける呼び込み婆さんが居たからいつからか「まだかな橋」と呼ばれるようになる。（「橋柱は建設のため埋め立てられて今はない）下津の裏山は、名勝「鷲羽山」で瀬戸内海が望められ美しい瀬戸大橋が見える展望台がある。この与島は、瀬戸大橋が開通した当時は島中が観光の店だらけで五〇〇台位停まれる車の駐車場があって人と車で車を停める所が無い位観光客で賑わっていたが今は一軒の店がほそぼそと開けているが人影はまばらで昔の姿いまいずこと言う状態で少し寂しい。橋ができた当時は、ここに船を留めると村の人が単車で来て、一日の係留代三〇円を集金にきたのである。人件費とガソリン代がマイナスの集金であった。それでも一年間係留すると一〇、九五〇円となる。塵積って山となるか。

「七月三日」香川県与島をAM六時に出港する。香川県の海岸線は六九八キロメートルです。くもり後晴。摩耶の左舷には、丸亀城が見えている。今日の備讃瀬戸の潮流は、出発の六時に逆流の東流一・八ノットやけどまぁええか。すぐ転流になるし。

出港して二時間位した時、突然オートパイロット(自動操縦器)が故障。どないしよう。これから下関を廻って日本海に出て日本一周するのに、それに天候によって、オートパイロットが無かったらどれ位時間が掛かるか分からないのに。「うろたえてもしようがない」乗員四人が交代でラット(船のハンドル)を握って行ける所まで行くしかない。直ぐ摩耶号を買った造船会社に電話する。なんとかせえー。四人がゴチャゴチャ言っている時に、立花さんがGPSを見て、今右手側が鞆の浦。オオ鞆の浦がどないしてん。わしら何回も来てるで。立花さん曰く「茅の輪くぐり知ってまっしゃろ」「うん、神社にあるやつ」話によると福山市にある素戔嗚(すさのお)神社が茅の輪発祥で、備後風土記逸文によると、昔、北海にいた武塔の神が南海に赴き、日が暮れて一夜の宿を頼んだ。兄弟のうち富裕な弟は断り、貧しい兄は蘇民将来をもてなした。後に神は兄に「茅の輪を腰につけよ。後に疾病があっても蘇民将来の子孫なりと言えば逃れよう」と告げた。茅の輪とはカヤで作られた輪のことで茅の輪をくぐって半年の穢(けがれ)を払い、無病息災を願うのである。海上交通の要塞だった南部の鞆の浦から全国的に広がったとか。昔は

神社にある茅の輪

神仏に頼るしか病気を払う方法がなかった。この鞆の浦も北前船の寄港地でご多分に漏れず立派な家の町並みで観光地としても大勢の人々が訪れる。又、幕末の坂本龍馬も滞在して居た時の隠れ家(秘密の部屋)も残されていて見学することが出来る。それに立花さんから聞く迄神社にある茅の輪をくぐれば、無病息災と言われる茅の輪がこの鞆の浦から広まったことは知らなんだ。写真がそれ。この鞆の浦の万葉は

「鞆の浦の磯のむろの木見むごとに
相見し妹は忘らえめやも」

（鞆の浦の磯のむろの木は、今後も見るだろうがそのたびに一緒に見たことが忘れられようか）と話してる間に、来島海峡。来島海峡は、愛媛県今治市とその沖の大島との間を隔て、水域においては、西の斎灘と、東の燧灘を隔てる。瀬戸内海の中部の海峡である。

この海峡は馬島、武志島等の島により、来島の瀬戸、西水道、中水道、東水道の四つの狭水道に分けられる。潮の流れは、時に一〇・一ノットに達し鳴門海峡、関門海峡と並び日本三大急潮に数えられる。

西瀬戸自動車道は本州四国連絡道路の三ルートのうち西に位置する尾道・今治ルートを成す高速道路である。広島県の尾道・福山自動車道西瀬戸尾道ＩＣを起点とし、向島・因島・生口島・大三島・伯方島・大島などを経て愛媛県今治の今治ＩＣに至る延長五九・四キロメートルの高規格幹線道路である。開通は一九七九年五月十三日。道路網は一般国道で通称瀬戸しまなみ海道である。昔から（一に来島二に鳴門三と下って馬関（関門海峡）瀬戸）通航隻数は、一日平均四二九せきでその半数の二二六隻は貨物船などである。来島海峡は見通しが悪い地形で潮の早さに加え水道部大流に複雑な渦が形成され得る場所である。時に操船不能に陥ることもある。

又、春季には、露が発生しやすい。又、通船は島をはさんでの一方通行である。（潮流の方向によって異なる）この海峡には、五川の島がある。従ってこの来島海峡を通るたんびに緊張する。（あまり大きくない船は来島海峡の北に行った所に通船出来る何ヵ所の水路あり）あっちこっちに海底から盛り上がってくるような大きな渦が現れ摩耶号は舵をとられないように手動で操縦する。時には渦によって、あらぬ方向に摩耶を持って行かれ。操縦不能のきざしが見られ慌てる時もある。

これで、大阪から明石海峡大橋、瀬戸大橋、しまなみ海道大橋（正式名は、西瀬戸自動車道）と三大大橋の下を通過してきたことになる。しまなみ海道は、名前の通りアッチコッチ島だらけ。ここは村上水軍の発祥の地で戦国時代の戦いに地元の武将、又は水軍を必要とする武将と共に戦い、相手からは恐れられた水軍の故郷であるこの橋は、本州の尾道から向島、次に因島水軍城が因島、次に耕三寺がある生口島そして大三島、大三島には大山祇神社がありここの宝物殿には、戦国時代の、名だたる武将の鎧、鎧兜、太刀等が奉納されていてほとんどが国宝に指定されている珍しい神社である。又村上水軍博物館もある。と思いながら島々を見ているとちらっと昔の村上水軍の姿らしき者を見たのは私だけか、それともまぼろしか。それでも天気が良いので、次の寄港地の途中にある、大崎下島（北前船の寄港地、御手洗の町並み）昔のままの建物（屋敷）が残っていて一見するあたいあり、北前船の時代から続く時計屋さんがある。

それと瀬戸内海には外周が〇・一キロメートル以上の島が七二七もある。（第六管区海上保安本部調べ）大崎下島を通過して山口県上関迄船を進める。上関着ＰＭ六時。給油三、一〇〇ℓ、油代金二、一一五円（軽油免税）ここは、上関海峡のど真ん中、摩耶の船尾から見える四海楼は国重要文化財指定で一八六九（明治二年）年に竣工された四階建て擬洋風木造建築。迎賓及び宿泊施設として利用された建物で壁や天井の漆喰彫刻、ステンドグラスの窓など細部にまでこだわった造りで見ることができる。所で上関が有り、下関があるなら、中関は？探す、ありました。山口県田尻中関港（海港四七三―三六）調べて見ると、防府市立中関小学校もあり大成功。寄れたら中関港にも寄って見ようか。携帯見たら、息子の嫁の真知子からのメール「お義父さまお元気ですか。気をつけて行ってきてください。大好きなお義父さまが恋しいです」彼女等には、まだ返事のメールはせんとこ。

上関の番所を見に行く。

ちなみに毛利家の領地には、上関、中関、下関に加えて安芸髙田に北関があり、都合四つの関がある。安芸髙田は毛利元就の本拠地で、郡山城を構え、元就の墓もある。写真が北関宿である。

「七月四日」ＡＭ五時四十分、山口県上関出港。今日の寄港地は、関門海峡を過ぎた日本海に面した室津フィッシングマリーナです。山口県の海岸線は三方海に囲まれているため一、四九四キロメートルです。昨日来島海峡を越えて斎灘を過ぎ安芸灘の柳井市との間にある尾代島（周防大島）の橋の下を運行中、潮の流れが早く（大畠瀬戸）下関方面から北上して来た、二〇〇トン位の船が瀬に流され、反転して下関方面に戻って行くのが見られた。瀬をあなどると、大きな船でも進むことが出来ず反転するはめになる。この大畠瀬戸は、瀬戸内海でも指折りの潮戸で、最大の潮流は六・九ノット（時速一二・八キロメートル）である。

この上関は毛利藩の領地に入る最初の関所。江戸時代、三方海に囲まれた萩藩（毛利家）にとって、海上交通は重要であった。上関は北前船、参勤交代、朝鮮通信使などの船が多く寄港した。また幕末には、桂小五郎、高杉晋作、坂本龍馬、維新の志士も上関に立ち寄っている。備えは、槍十本、突棒二本、弓十張、鉄砲十挺、大筒三挺が用意されていた。船の荷を検査する番所があり、中世から戦国にかけて、上関は村上水軍とその同盟関係もあった毛利氏の重要な海上起点のひとつになっていた。又、江戸時代は全盛期を迎えた。番所は今も岡の上に残っている。写真がそれである。天気は曇り、その上ガスで、視界一五〇メートル。ＧＰＳが有るからまあいいか。出港前、五時に朝食の調理している時コンロから少し火と煙が上がる。すかさず船の火災報知器が鳴り出す。寝ていたクルーの三人が飛び起きてくる。船内であるので、三里四方に聞こえる位大きな音！中村が素早く毛布をコンロの火に被せて事なきを得る。誰も消火器に触らず（気づかず）永く続く航海のため消火器を手元に出して

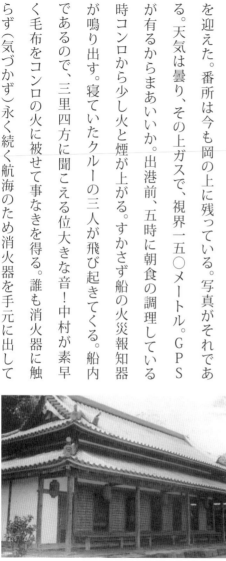

上関の番所跡

置く。船内にも三ケ所にそれぞれ消火器を積んでいる。その内二つの消火器はアメリカ製、誰も使い方の英語が読めず、又読もうともせず、乗船者四人。四人共大学出。専門用語ばかりで読みづらいがなさけない。中村が毛布を火に被せなければ、船は全焼、四人は海の中？ピィピィと火災報知器は鳴り続ける。電源を切って、とりあえず音は収まる。火災を起こした犯人は、四人の中で一番長老の七一の老人。ちなみに乗船している四人の年齢は、一番上が七十一才、次に六十九と六十七才、そして六十五で、超老人の集まり。その一番上の老人が、朝出港する迄にお茶を沸かすのにコンロにアルコールを注入し、ライターで火をつけたトタン火が燃え上がる。電気コンロ・発電機でお湯も沸きますが、アルコールを使ってお湯を沸かすことも出来るので一回試験的に、アルコールを使ったわけです。

この船摩耶は、出港二週間前にアメリカから取り寄せ試運転もそこそこに日本一周に出発したので、船の機能も道具もまだ解らず困ったもんだ。でも、火を出した本人が長老でオーナーであったため誰にも怒られず済んで良かった。年寄りばっかりで差し詰めアーネスト・ヘミングウェイの「老人と海」か。ところでアーネスト・ヘミングウェイは「老人と海」の中で色々な言葉を使っている。部分的ではあるが、始め得体のしれない大きな魚（カジキ）が釣り竿に掛かった時にまず「魚の正体を知るために戦う」と人間には闘志が必要だとしている。それに魚に俺は、お前が気に入った」と魚に話しかけている。魚との対話で「俺もお前(魚)も孤独だ」と言っている。そして(八十四日間何も釣れなかった)久しぶりに釣れたカジキに一対一で戦う心が必要だとして、長期戦の中で三度目の太陽が昇る。そして「夕日が沈むその度に日が沈むその海が、回想と光が揺れる男と女の愛を思い出させる」とカジキとの戦いの中でも情緒が豊かでロマンチックな表現で言葉をつづっている。小さな船の中での戦いの三日目には、「カツオを食べて力を蓄えよう」と生きることへの執念が感じられる。そして又、独り言で「何とかなるさ、策はある」と老人の諦めない強さを見せながらも「運を売っている店が有れば買うのだが」と言って、人間の弱さも表して、それに、海に生きる(それは我々にも共通している)戦の中でロープで手を怪我をした時、手を海に漬けて、海の水は薬だと言っている。それは、我々海の男も同じ思いの行動だ。少々のかすり傷ぐらいは、海水に浸けると治ってしまう。そして又「ラ・マル」(スペイン語で)海は母だ。と母なる海を敬愛しながら同じ老人同士の規矩知の精神で日本一周に挑戦することにしよう。

出港してしばらくして右舷前方に北前船が寄港した室積湾が見える。ここは象鼻ヶ岬があ

る。室積湾を巻き込むように象の鼻よろしく細長く入り江になっていて北前船を冬の間係留するにはもっとも理に叶った良港である。写真は室積の灯台と北前船の元船主の館である。又、室積、虹ケ浜海岸は松林が続き美しい所である。又日本の渚百選と、日本の白砂青松百選にもなっている。

出港して、二時間位走ってキリが晴れてくる。四人で八つの目が前方を見つめて他の船の衝突を避けるため緊張していたが、パーッと視界が広がる。そのため気分良くなったので中の関に寄って見ることにする。笠戸島が見える。笠戸丸？ここは造船と漁業の島でヒラメ料理堪能できる島である。又、すぐ北西には第二次大戦にお馴染みの（回天訓練基地跡）がある。大津である大津島を過ぎれば

向島の翁崎と竜ケ崎の間を入って行けば、三田尻中関港である。今は工場や作業場があり昔の港の面影はありません。すぐ中関を出て摩耶を西に向ける。中関は毛利氏の庭園があり菅原道長を祭る「防府天満宮」があり、ご多分に漏れず梅の名所がある。中関は防府市にありました。下関は、瀬戸内海と日本海、関門海峡と三方海に抱かれた地で、源平、壇ノ浦の戦い、武蔵と小次郎、巌流島の決闘、明治維新の先駆になった馬関（下関）戦争など様々な歴史の舞台となったとこである。そのため色々な名所、史跡がある。例えば関門海峡の入口あたりから「平家の一杯水」（壇ノ浦の合戦で負傷した平家の武将がやっとの思い出岸の湧き水を口にしたという伝説の地）がある。又関門橋を過ぎるその下にある赤間神宮は、壇ノ浦の合戦で入水された安徳天皇（当時九才とされている安徳天皇を抱いたまま入水された、祖母の健礼院は助けられて、京都大原の「寂光院」で生涯を過ごした）を祭神する神社で境内には安徳天皇阿弥陀御陵、平家一門の墓七盛塚（ななもりつか）、又ラフカディオ・ハーン（小泉八雲）の怪談で有名な「耳なし芳一」の木像が祭られている芳一堂「長門本平家物語」「源平合戦図」など貴重な資料のある宝物殿等がある。又大歳神社は、壇ノ浦合戦に先立ち義経が戦勝を祈願した神を祀る神社があり、清盛塚、巌流島等がある。

関門橋が見えて、いよいよ、関門海峡である。巾は、わずか六〇〇メートル。関門海峡は、日本の本州と九州を隔てる海峡で、名称は両岸の地名である馬関（下関）の関と門司の門を取ったものである。穴戸海峡、馬関海峡、下関海峡とも称された。最深部は水深四七メートル。潮流は最大一〇ノットを超える時もある。この関門海峡を通過する時は、四ノット以上の速力を維持することが義務付けられている。それは逆潮で流されれば四ノットの速度が出ないことがあるためで、他の船との衝突の危険が生じるためである。

大型船がアッチからコッチからうようよ。危険極まりないがオシャレにも時間によれば関門海峡の潮騒と汽笛が聞こえる。それでも何回か九州一周も含め通過を経験しているので、私としては、来島海峡の方が緊張する。赤間神社の少し周防灘寄りの門耳に万葉の祝い歌があるので

「長門なる沖つ借島奥まへて
　　　わが思ふ君は千歳にもがも」
（長門にある沖の借島のように奥深くに私が思う君は千歳の齢であってほしい）（私のために長生きしてほしい）

海岸から赤間神社に入る前の写真

赤間神宮を右に見て、いよいよ海峡の中へと思ったが日本海に入れば瀬戸内海と違い日本海の向こうはよその国、隠岐の島は同じ島根県は島根県やし佐渡島も同じ新潟県は新潟県やし津軽海峡を通過して太平洋に出ても向い島小笠原も東京都やし唯一津軽海峡の青森から見れば北海道ですが今回は北海道に寄る計画はないので、今回の日本一周は、四国九州を除く日本列島の一周ですが、瀬戸大橋の与島が香川県であったので九州の門司に寄ることにする。「オーイ門司で一泊するぞう」なんで「なんでもや」此れで決まり摩耶号を門司に付ける。門司港レトロは、福岡県北九州市門司区にある観光スポット、JR門司駅周辺地域い残る外国貿易で栄えた時代の建造物を中心に、ホテル、商業施設などを大正レトロ調に整備した観光地。又、国土交通省の都市景観百選、土木学会デザイン賞二〇〇一最優秀賞を受賞している。

三回目の門司なので勝手知ったる港。門司港は瀬戸内海から関門海峡を少し入って関門橋をくぐった左側にある。向い側は壇ノ浦ゆかりの平家終焉の地、赤間神社が見えている。

ここ門司はレトロな街並みでオシャレでいつ来ても楽しい所である。あのオバチャンの店でチャーハンを食べよ（ヨットで何回か来てなじみの店）又、門司は九州ＪＲの起点の駅である。したがって駅の中には行先による何本ものレールがあり広くて明るい駅である。摩耶号は関門橋を西から見上げる場所に係留する。夜になると下関側の灯りと関門橋の美しい姿が摩耶号から見えるはず。立花さんは始めての門司なのでなじみのオバチャンに挨拶がてらに門司のレトロな街に皆んなで夕暮れの港に出掛ける。今夜は美しい夜景を酒の肴に美酒を飲む。夜空は満天の星。満天の星を見ていると、その昔ヨットで鹿児島県の種子島と屋久島に行った時に何も見えない闇夜の大隅海峡で見た星があまりにも美しく、その星がそのまま海面に映る様は、何ものにも例えがたい素晴らしい風景であったのを思い出していると次の歌が出来あがった。

満天の星

闇夜の空に輝く星の美しさに

われ暫し見とれ涙する
星のそれ以外何も見えず
ただ空の星が海に繋がるように
波一つない海にそれを映す

みな海と空に広がる素晴らしき
この美しさを何に称える
海の星その中を掻き分け
静かに船を西に進めるか
星ゆらゆら散りみだれ
その姿美しきかな
われこの美しき星を掻き分け西に進む
星の光海に消えず散りばめた宝石や
天の川東より西に

その川の中なおも我は西に行く
星と愛を求めて
美しきかな闇夜より

お酒を飲みながら原田と立花さんが何やら大学時代のフランス語の先生の話をしている。話を要約すると、学年は違うが二人共そのフランス語の先生からフランス語を習った様子。原田がそうその先生少し変わった先生やったやろ、そや々と立花さん。何でもフランス語の話はあまりなくて、大学を出た後の話、社会での学生の立場の話が多かったとか。例えば（その当時はまだ大学の数が少なく、大学迄来る人はまだ少なかった、今から思うと大学の数も少なく、当たり前の話だが、大学生の数も考えられない位少なかった時代）その先生は、常に君達は選ばれて最高学府の教育を受けているので、社会に出ても会社勤めをしても先頭に立って皆さんをリードする役目をしなければならない。これからの日本を背負って行く人間だから。そのためにはまず君達は紳士でなければならない。立花さんが、原田さんにもそんな話してましたんか。わしらにも同じ話をしてましたわ。紳士とは何かと言うことを、学生でいる間に学びなさい。フランス語はその次でよろしい。昔は立派な先生多かったなあ。

昔の先生方の家庭環境が良かったんでしょうね。今の先生方のお父さんお母さんは戦後すぐに自由主義が叫ばれて勘違いの民主主義があったりでその上大人になりきれず幼児化した大人が子供の教育をしている。その点真実を知った両親の元での家庭教育がなされた家庭で育ったのかなぁー。誰かが自分自身の哲学も持たないで、食うため（生活）に先生にでも成っとこかで嘆くことしきり。そんな人間が先生になるな。それなりの家庭で育った人が先生になることが相応しい。日本教育文化研究所の森隆夫氏は「育児学」として親学の両生をと産経新聞に寄稿されている。部分的であるが……家庭は、教育の「原点」であり「出発点」であり（教改革国民会議では家事を一七提案の第一に挙げている）健全な家庭教育が必要だ、こどもを教育できる能力と知識を持った家庭が望ましいと。

「七月五日」ＡＭ十時に門司港を出る。今回は九州は廻らなけど福岡県の海岸称は六百十三・一キロメートルです。今日は関門海峡の潮の流れの計算しての出航である。ここで潮の流れの方向について話をすると、今日関門海峡の潮は天流（潮の流れが止まること）は

ＡＭ九時三十分、潮が動き出すのが十時頃しかも南流である。摩耶は本州最西端の地碑の

岬を右に見て日本海に入るので南流に乗って航行するのが科学的である。最大潮流は九・四ノット、摩耶の速度は約九ノットしかるに九・四ノットの南流に逆らって北へ走ることはマイナス〇・四ノットで前に進むどころか後～〇・四ノットバックすることになる。したがって常に潮の流れを計算することになる。それによって目的地に着く時間が解るのである。

ところで今日南流に乗ることは、摩耶の平均速度単純に考えれば摩耶の平均速度が九ノット、南流の潮の速さが例えば九ノットあるとすると九＋九ノットで摩耶は一八ノットで航行することになる燃料も半分の使用で走ることになる。所で潮の方向ですが風は北から吹けば北風で、その風北から南の方向に吹いても北風であるが、潮の流れは、北の方向から流れて来て南へ流れれば南流となる。東から流れて来て西へ流れれば西流となる。ここが風と潮の違いである。瀬戸内海の主な潮流の速さは（海上保安庁のデータ）最速の鳴門海峡が一〇・五ノット（時速一九・四キロメートル）、来島海峡が一〇・三ノット（時速一九・一キロメートル）大畠海峡が六・九ノット（時速一二・八キロメートル）明石海峡が六・七ノット（時速一二・四キロメートル）速吸潮戸五・七ノット（時速一〇・六キロメートル）で、日本三大潮流は、鳴門海峡の渦瀬は、直径に二〇メートル～三〇メートルに達して日本最大の潮流、これに続くのが来島海峡で、平家が滅びた源平の合戦で有名な壇ノ浦の戦いにも一日に四回の潮流の向きが変わるという関門海峡の三ケ所が、日本三大潮流である。

潮汐表の見かたは下記の通りです。

今日の関門海峡の潮は北から南へ流れるので南流となる。南流に乗って摩耶は海峡の中へ入っていく。間もなく宮本武蔵と佐々木小次郎の戦いの場として有名な「巌流島」が見えたので、クルー三人を巌流島に降ろすために島の船着場に摩耶を着けて三人を降ろす。(正式名は船島)チラッと見ると、三人共に年甲斐もなく、二人の銅像の前で、チャンバラごっこしてた。この海峡は壇ノ浦合戦の場であり、清盛塚が小高い

来島海峡　何月何日（1900）年

時　刻

何時何分	転流	最強
01：02		＋7.5 ノット
	03：59	
07：20		−7.3 ノット
	10：30	
13：38		＋7.3 ノット
	17：08	
20：11		−8.1 ノット

転流は、潮の流れが止まった時間、ここから潮流が始まる。

＋南流
−北流

海峡が東西にあれば

東流が−で
西流が＋です

来島海峡は南北に流れています。

丘で平家最期の砦（根緒城）の跡地にひっそりと建つ石碑がある。関門海峡の下関を無難に通り過ぎ、本州最西端の地碑の岬を右に見て、本州最西端の毘沙ノ鼻には美しい夕陽が見られる本州最西端と書かれた、モニュメントと案内看板があり展望デッキがある。場所は、下関吉田で北緯三四度六分三八秒、東緯一三〇度五一分三七秒である。（写真がそれである）

観音崎（は、もうここは響灘（此治奇の灘）大きく見れば飛鳥時代から奈良時代、日本の律令政府が、唐に派遣した使節西暦六三〇～八九四年に唐に行った海、いわゆる遣唐使です。その玄界灘である。（山口県は、瀬戸内海と、日本海とそして玄海灘から東支那海と続く海に関しては珍しい県である）観音崎を廻り込み。室津フィッシングマリーナにＰＭ五時四十五分に入港、給油一五〇ℓ代一一、九五四円。このマリーナには人伝にヨット乗りのボスが住み着いているとか。挨拶しとくと何かと便宜を図ってくれると聞いたので、訪ねるためヨットを探すが見当たらず、マアええか。ヨット乗りは、多分こっちの方が古いから。それより、ここは有名な川棚温泉がある。早速タクシーで四日ぶりに温泉に行き入浴。掛け流し

のお湯たっぷりの温度の高い温泉でした。写真がそれ。その後スナックに入り、歌を唄いめしを喰う。

帰りに明日の朝に食べるオニギリを注文し、オニギリを持って帰る。ちなみに朝のオニギリの美味しかったこと、その店にママのにぎったオニギリが美味かったと礼の電話をすると、ママ喜んで、いつでもオニギリ作ったげるので又おいで?ところで原田、スナックに汚いパンツ忘れる。中村曰く、あこのママお前(原田)に惚れてパンツ隠して、今頃分匂いを嗅いで「いい男やったわ」と恍惚の気分になっとるのんと違うか……ハァハァ、後の二人。少々酒が入っているが、私は康子と真知子にメールする。どちらも同じ内容のメール。今直ぐ康子に逢いたい。今直ぐ真知子に逢いたい。二人からすぐ返信あり。康子、私も逢いたい。真知子、お義父さん早よ帰ってきてとメール来る。真知子も康子もしきりに私に逢いたいと言う。それは、真知子も康子も心は私に抱いて欲しいと言うことと、二人共私を抱きたいと言うこと愛

してますは、男と女が抱き合うための便利語？そうしたら恋は何のため。そのあと船に給水する。

ここで二人の女性、康子と真知子のことですが、真知子は、私の長男幸雄の嫁で私が四八年前に妻京子と結婚した当時は、解らなかったのですが私の友人と妻京子の裏切りで誰にも話せない、あとで話しますが長男幸雄にも話せない重大な事柄があって真知子のことは追い追いに話をすることにして、康子のことを話します。立花さんの嫁康子と知り合ったのは、会社の作業場を増設する時に、原田の大学の後輩に立花と言う神主が居るから地鎮祭に使ってもらえないかと言うことで増築のたびに何回か地鎮祭に来て貰ううちに原田を通じて付き合うようになり今回の日本一周のメンバーになりました。原田の話によると立花さんは、大学のヨット部に入部したあと、二年で退部して大学卒業後に商社に勤めその後康子と見合いして康子と養子結婚すると同時に商社を辞めて神主学校に行き神主となったようだ。私は神社と仏閣に少し興味があったので十年前のある日、立花さんの神社を見に行ったときに初めて立花さんの奥さんの康子を見ました。その時立花さんは宮総代など役員数人で一泊の研修会に行って留守だったのですが私の会社と立花さんの関係は康子も知っていて座敷に上げて貰い私の知らない神社の仕事ぶりなど聞きながら康子を見ていると、神社育ちの品の良さと今迄話をしたことのない女性らしさ、はんなりとした魅力を感じました。そのうえ女性としての情緒がありました。私ごとになりますが、四十八年前友人の裏切で結婚が失敗であったのですが離婚はして居りませんが、女性に対する怖さから、会社の経営と趣味のヨットに打ち込んで女の人を見向きもしませんでしたが、康子に初めて会った時に久しぶりに男性として衝撃を受けました。その腰つきと美しい仕草の康子を見ていると、こんな魅力的な美しい女性に衝撃を受け、一度は抱いてみたいと思うようになりました。そしてその後も康子を抱きたいと言う思いに後退はありませんでした。

立花さんの留守の間に何回か康子の神社に行くうちに私の思いが通じたのか、二人で食事に行くようになり、二人で合うことが増えて馬が合うと云うか互いに打ちとけて余り時間を掛けずに康子を抱くようになりました。それは、私は康子を抱きたい思いからと康子が神主であるので、古事記に則り。「私の体には、成り成りて成りあまったところがあります」そこで「あなたの成り合わないところに、私の成りあまったもので塞ぎたいのですが」と言って、少しお酒が入った康子の顔をじっと見た。康子「エッ」と少しびっくりした様子でしたが、社長は、イザナギノミコトと聞いて来たので、私は「うん」二人は、一瞬のお互いの顔を見合わせたが、康子はすかさず「社長の成り余るもの私に下さい」と、少し古風な形で結ばれました。夢のような時間が過ぎたあと、「私も神様？」そうです。あなたはイザナミノミコトですと言うと、康子は、二人は神様？と叫ぶなり嬉しそうな顔を見せて抱きついて来ました。こうして二人は古事記によって神主の康子を傷つけないで結ばれました。これは私がとっさに考えついた行動でした。それから康子と何回かベットを共にする内に、康子は一人娘で立花さんとの見合いの時は、神主の康子の父が癌で医者から永くて二年の命と宣告されて、親戚筋からも父親からも神社の跡取り話があり、何回か見合をしたが康子側の条件を受け入れてくれる人がなく見合の失敗が続く時に、十八才年上の立花との見合で商社を辞めてまで神主になってもいいと言う話にトントン拍子に婚約が成立して立花と康子が結婚しました。暫くして康子の父は、医者の宣告よりも早く亡くなったとか。康子いわく、立花との結婚は、愛とか好きとかがなく、必然的な結婚でなく、成るべきしての結婚であったとか。その後のことは航海日誌の中でまたお話しますが康子の母親は、康子が高校の二年の時に交通事故で亡くなっている。

康子と結ばれて暫くして康子が言うには、古事記の成り成りで成り余るもので、成り合わない所を塞ぎたい。塞いでくださいと言った時、私は喜び勇んでまずそっと口付けをしました。その時の康子のキスはぎこちなくて「うん?」と思いましたがかまわずキスを続けました。その内に康子は体を賑わせ康子の方から積極的にむさぶるようにキスをするようになったので私は少し驚いたが構わず受け止めて手を少しずつ下に降ろして胸のあたりを触り出すと、先に話した育ちの良い淑女が所かまわず人格が変わりもう人間の良識ある女ではなく、盛りの付いた物体でありその激しさにびっくりして少し狼狽えたがそのまま続けましたがそれはもう格闘技のような私にとっても初めての経験でした。こんなに気持ちが高ぶりスリルを味わうのは、もう何十年前に置き忘れていました。後日の話によると、康子の夫立花さんのあの時は、康子の上に乗ったと思うと直ぐに終わり。風呂場に行くやチン々を汚い物でも洗うように徹底的に洗うそうです。今から思うと初夜の時も始まると思った瞬間に終わり風呂場に行ったとか。夫婦のセックスってこんなものと何の疑いも持たず、未だに一回もキスをしたことがなかったのに、キスから始まりそれもディープキスで体が浮いて何とも言えない気持ちになったその時、お乳を触られ、何か何だか解らず、そして、何が済んだか夢のような気持になったのは私とのセックスが初めて男と女のセックスで凄いと思ったそうです。康子にとってその時が女としての愛の始まりだったそうです。そんな立花さんとのセックスでも康子は二人のこどもを産んでいます。

「七月六日」ＡＭ六時四十分　山口県室津フィッシングマリーナ出港、雨。今日は山口県長門仙崎にＰＭ四時頃着く予定。早く着いて体を休めるつもり。昨日は、スナックで皆飲み過ぎてしかも出港するなり波長が五〇メートル程位ある大きなうねり、その上、波高は三メートル位。摩耶は、木の葉のように右に左にローリングしながらの航行です。すぐ右舷に男島と女島を見ながら摩耶は真北を進むと、角島(つのじま)に突き当たる。この角島は「司馬遼太郎」の作品淡路島の北前船の船主高田屋嘉兵衛を主人公が(菜の花の沖)に大阪から北海道に航海している時下関を廻って日本海に出る時には必ず船留りする島がこの「角島」島の尾山という浦方にある小さな神社に詣ることが航海の安全につながるとか。それで必ずここを通る時は、この角島の神社に切詣して一泊するとか。この角島にも男と女の万葉が詠われている。摩耶号が、角島大橋は、マリンブルーの海の上に延びる角島大橋は、北長門海岸随一の景勝地。全長一、七八〇メートルで通行無料の橋としては、日本屈指の長さを誇る。橋の両端には展望台が整備されている。又、橋を潜らず島の北を廻れば美しい角島灯台を見ることが出来る。この灯台は、明治九(一八七六)年に完成した高さ二九・六メートルの御影石造りの洋式灯台で、上に登ることが出来る。写真がそれ。

むしろ橋の下を通らず角島を廻って美しい灯台を見た方がベターであったかも。摩耶号が角島大橋の下を難なく通り過ぎ、難なく通り過ぎた言うことは、航行に摩耶号が船に事故が何もなかったと言うことで、本当は角島の北側の角島灯台を見ながら運航すべきであった。それは船長の私が決めた(橋の下を行くこと)のですが、橋の下は浅瀬でその上早くないが潮の流れがあり、それに船が通れる所が限られていてクルーには何も言わず気付かれなかったが難しかった。乗員は船長が決定したことに安心し何の疑いも持たず信用していた。

船と命を預かる船長の責任は重いものがあると感じた。もし角島を航行する船・ヨットは、も

ちろん角島の北側を航行すべし。摩耶が無難に航行できたのは奇跡と言う外ありません。

大嶋の川尻岬を廻り込んで青海島の南にある仙崎を目指す。この青海島には、北長門海岸国定公園を代表する景勝地、外海に面する島の東部や北部、西部は奇岩怪岩が連なりダイナミックな景観が広がり「日本の渚百選」にも選ばれて、かつてはクジラ漁で栄えた島で、又、波の橋立は、青海島を囲むように二一キロメートルの砂州があり。京都宮津の天橋立のようだ。

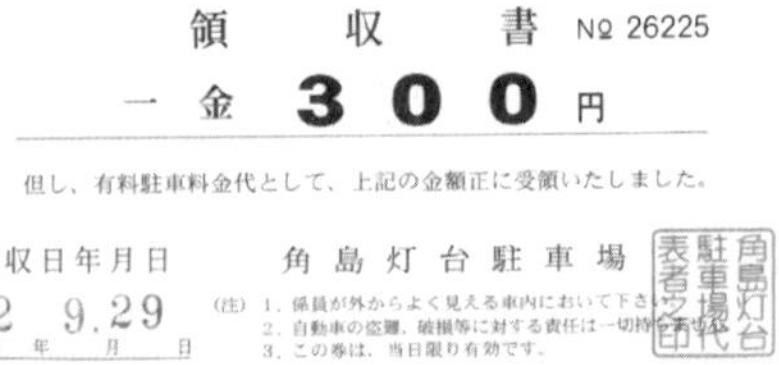

領　収　書　№ 26225

一金　300円

但し、有料駐車料金代として、上記の金額正に受領いたしました。

領収日年月日　令和 2 年 9 月 29 日

角島灯台駐車場　角島灯台駐車場代表者之印

(注) 1. 係員が外からよく見える車内において下さい。
2. 自動車の盗難、破損等に対する責任は一切負いません。
3. この券は、当日限り有効です。

角島灯台見学記念
(Tsuno Shima Lighthouse)
公益社団法人　燈光会
Tokokai (Japan Lighthouse Association)

青海島鯨墓があり、くじら資料館がある。ここまで来ると風と波も治まり青海島にある「波の橋立」を見ながら青海橋の下を通れば仙崎港がある。少し前から「水くらげ」が見られ、その内に海がみずクラゲで一杯になりクラゲの中に海があるありさま。そういえばこの青海島は、色々な種類のクラゲの宝庫としてつとに有名だ。ＰＭ三時のつもりが、ＰＭ一時に長門仙崎に入港。キヨリマイルちゃんと計算してんのんかぁ。摩耶号が前の日に着いた所から、

中村が次の寄港地のキョリ、潮の流れ等を計算して、運航時間を割出して、キャプテンの私に報告することになっている。したがって、早く着いたら又は遅く着くと中村にちゃんと計算しているのかと問いただすことになる。着くのがあまりに早すぎるやんけ。摩耶のスピードは九ノット。それでも遅いよりは早ければ早い方が良い。山口県の次は島根県だ。仙崎に早く着いたので山口県が生んだ童謡詩人金子みすゞの詩碑と生家を見に行く。(金子みすゞ記念館)ここには「みすゞ通り」があり「みすゞ公園」がある。金子みすゞは、大正時代末期から昭和時代初期にかけて活躍した日本の童謡詩人。本名金子テル。大正末期から昭和初期にかけて、二十六才で死去するまでに五〇〇余編も詩を綴り、その内一〇〇あまりの詩が雑誌に掲載された。代表作は「私と小島と鈴と」「大漁」がある。写真がその生家。

見えぬけれどもあるんだよ　見えぬものでもあるんだよの詩人金子みすゞは夫の女遊びから淋病をうつされたが治

療する費用もなく、そのために病気が悪化し離婚するが、その前より夫から詩を作ることを止められ苦慮するし、離婚しても娘を手元に置くことが出来ず（当時の法律のため）二十七才（数え年）で自殺する。自殺する夜みすゞは久しぶりに娘と一緒にお風呂に入ります。それまで娘と一緒にお風呂に入ることはなかったそうで、自分はお風呂に浸からず、娘を風呂に入れていたり体を洗ってあげたり、その晩はみすゞはお風呂場の中でずっと歌を歌っていたといいます。娘のために自分が一番好きな童謡を歌って聞かせていたそうです。その後金子みすゞは服毒自殺したとか。

山口県と兵庫県は、山口県は瀬戸内海と日本海の両方があり、兵庫県も日本海と瀬戸内海（淡路島の南は太平洋か）と二つの海を持つ珍しい両県である。

仙崎の夜のキャビン、詩人金子みすゞの生家を見に行った時の話。金子みすゞの記念館の近くで見た海岸沿いの三叉路での交通事故に話の花が咲く。その事故は西から南へ右折する五十代男性の車が三叉路で右折する停止線で待っていたが、信号の矢印が右に行けと出たので発車しようとした時に東から若い女性の乗った車が停止せずにそのまま直進で交差点に入って来たので右折しようとした車に激しくぶつかった事故でした。事故を見た証言者の人が警察官に大きな声で話をしていたのを要約すると、車が三叉路に入ろうとした時は信号は赤でした。女性の車が、右折矢印の信号が出たにもかかわらずスピードを上げたまま進入したので右に行こうとした車に衝突した事故のようだ。そこで誰かが注意の信号で止まらず交差点に入る車は、若い女性のドライバーが多いなぁー世の中の女性ドライバーそんなに急いでどこへ行くとキャビンの中でお酒を飲みながらこの無責任な話でした。その女性のドライバーのこどもも交通ルールを守らず母親の右にならえで事故するのかなぁー。交差点といえば交通ルールでは、交差点では車はいつでも止まれる状態のスピードで交差点に進入することになっているが、車は反対に信号が変わる迄に通過しようとスピードを上げて交差点に入る車の多いことよ。そのために交通事故の統計によると交差点による事故が一番多いとか。交差点は急がず余行して走ろう。交通ルールでは、普通は交差点では右折より直進の車が優先車ですが、この事故の場合、直進車は、すでに信号が赤になっていた。

信号といえば思い出したことがある。近所の居酒屋で知り合った男の人で、何でも保護司をしている人で、職業は運送業らしい。保護司といえば法務大臣が委託して非常勤の準国家公務員と言う身分らしいで。ある時その保護司さんに、保護司ってどんな仕事でんねんと聞いたことがある。そこで聞いた話が次である。一つの例ですが単車を盗んだ少女が、家庭裁判所で保護観察になりその地域の保護観察所から私、保護司の所に送られて面接に来た時に、その少女が観察所の担当官から何か人のためになることをしなさいと言われたけど人のためになることってどんなこと?と聞いて来たのでその少女見たとこ、鼻にリングしてるわ、へそにもリングして、超ミニスカート、それに茶髪、保護司さんはその姿を見て、君が世の中のために出来ることは、信号をきっちり守ることや、例えば路巾が三メートル位の余り車が通らない信号のある交差点でも信号が青に変わる迄、きっちりと信号を守ることや。そんな交差点は大方の人が車がこないので信号を守らずパット走って渡るやろ。そこで君が止まって信号を守っている姿を見たら、あんな子(ちょっと失礼)が信号を守っているわ思ったらパット信号を無視して渡られへんやろう。その信号を君が守ることが人のためになることや。小さな親子連れも親が無視して行こうとしたらこどもが君の姿を見てお母さんあかんと手を引くかも知れんのでまず信号を守ることをしなさい。君が信号を守っている姿を見た人が少しでも信号を守ろうとしたら、それは人のためになると言うことや。そうすると君がこどもを産んでも、君のこどもは母親の姿を見て信号を守るいいこどもになるやろうと話をしてから、十年程たったある日、駅前で小さなこどもの靴をはかせている若い母親がぱっと私を見てオッチャン、信号守ってるぜ、この子のためにも、と声を掛けてきた母親を見て保護司は一瞬、あの子や！保護司は「うん」とうなずき笑顔でその場を去って「良かったぁ」と訳が分からず涙が出たそうです。

その保護司さんは、担当した保護観察者には町で出会っても知らん顔をするそうです。しかし対象者であった人から声を掛けられたら何かしら話をすることにしているそうです。それは保護司は秘密厳守だかららしい。保護司さんていい仕事（ボランティア）やな。誰かのためになることをしてんねんからなぁー。あの少女、保護司さんによって生まれ変わってい い関係の家庭を持つことになるでしょう。あの時保護司さんは、この子が持つ家庭はもう大丈夫と思ったそうです。それは、親が信号を守らないとその子も信号を守らない子になって人が見ていても平気で信号無視をする、そのまま大人になっても信号を守らないことになると、その人の子もまた信号を守らない人間になり、誰かが悪に気づかなその家庭は、ずっと信号を守らない人が続く善悪が解らない家庭になるからだそうです。又それが犯罪につながるそうです。

「七月七日」AM七時に仙崎港を出港。稲妻とゴロ々と雷がなっているが出ることにする。「ハエ」が一匹乗船。ただ乗りなのに大きな顔してうるさく飛び廻る。風と波とうねりと共に北の方に稲妻が見えていたが、今は雷さんはどこかに行ったみたい。波は高い。それにしても年は取りたくないものだ。チャート（海図）を見るために老眼を探すが見あたらず狭い船内を原田も一緒になって探してくれる。チャートを読み終えた原田は小生のメガネを掛けたまま小生のメガネを探していた。すんまへん、キャプテンのメガネ借りて掛けたまま探していました。お互いに年は取りたくないもんだ。直ぐ萩である。萩は、吉田松陰や高杉晋作木戸孝允などの幕末の志士、そして明治政府の要人たちを輩出街である。毛利藩、萩城は、海岸に造られた海城である。美しい海と自然に包まれた城下町には、白壁の家並が今も残り、日本を動かした歴史とロマンあふれる史跡を多く残されて観光地として多くの人が訪れてあの有名な「松下村塾」も残されている。

　今日はタナバタ、タナバタが来るとこの年になっても毎年母親のことを思い出す。それは疎開していた時（疎開のことは後で話します）のタナバタで笹に着ける短冊に願い事を書くのに、墨を擦るのに水が必要です。その水を畑にある子芋（こいも）の大きな葉っぱに溜まっている露（ころ々と転がる小さな水の玉)で墨をすって短冊に書くと願いごとが叶うと母親に教えられたことを思い出す。今時は願い事を短冊に書くには筆ペンかマジックペンまたは墨汁で書くことが通常になっている。昭和も遠くになったもんだ。毛利藩三六万石の萩を過ぎると、ここにも山陰線木与駅(阿武郡)の海岸にある清ヶ浜に、砂浜の一部に歩くとキュキュと音がする鳴き浜がある。島根県に入ると石見空港がありここからは見えないが三里ヶ浜の手前に観音岩があり、夕方ローソクに火を灯したように見えるローソク岩がある。以前夕方船で見に入ったことがある。高さが約一五メートル位に突きあがった岩のてっぺんに夕陽が見える。角度からそれを見るとローソクに火が付いたようで幻想的である。

又直ぐに山陰本線の(鎌手駅)には唐音の蛇岩がある。ここは安山岩の大蛇が大地をはうように、黒褐色の安山岩の岩脈がのびている。

島根県浜田にPM五時十五分着、大きな港だ。浜田城跡とその石垣が見える。浜田城は石見国浜田(現島根県浜田市殿町)に存在した城で江戸時代には浜田藩の藩庁が置かれていた。別名「亀山城」で標高六〇メートルでここは日本遺産の北前船寄港地「外の浦」がある。

ここも北前船が寄港するところだ。同じ浜田港に摩耶を留めるなら、北前船の港、外浦港に決める。外浦は浜田港（写真）のすぐ東に、岬と岬との間を通って入って行くことになる。外浦の入口から斜め右前に見える森が浜田城跡であり、城からは日本海が一望できる所にある。今は城跡では護国神社が鎮座している。岬と岬の間を入って行くと、中は静かな袋の海（港）になっていて、昔防波堤が無い時分には荒れることの多い日本海を考えると正に天然の良港である。外浦には入口から左に迂回して袋港に入って行くので日本海の波は外浦迄に入って来ない静かな港である。北前船が寄港するはずである。外ノ浦は、北前船日本遺産に認定されている。摩耶を係留した直ぐに金毘羅神社がある。航海安全の神さんである。由来によると、今から二七五年前に創建されたとあ

浜田港東側にある外浦港

浜田港

る。（写真）本殿の後ろ斜め左上岩の上に社が建っている珍しい社殿がある。

浜田港は、古くから国内のみならず海外抜け荷との交流も盛んで北前船の寄港地として栄え廻船問屋に客船帳が残っていて（浜田弔外ノ浦廻船問屋に一七四四延享元年～明治三十四年）がある。したがって町並みは、賑わいを見せ、農産物工芸品の店が並び大変賑わっていた。ここ浜田市には世界が認めた、無形文化遺産が、浜田の中心で製造されている「石州和紙」は、紙質が強靭でありながら、肌触りは柔らかく、その紙質から障子として多く用いられて、又古くから漁業の町として栄え、浜田港は全国で一三港として指定されている「特定第三種漁港」になっている。それに豊かな自然を有し多面的機能をもつ中山間地域に恵まれて、リアス式地形と砂丘海岸線は優れた自然景観と天然の良港をもたらしている。浜田藩の抜け荷ですが、天保七（一八三六）年幕府の隠密によって摘発され、その当時の家老を年寄りの二人は江戸に呼び出され切腹している。商人二人も斬財に処され

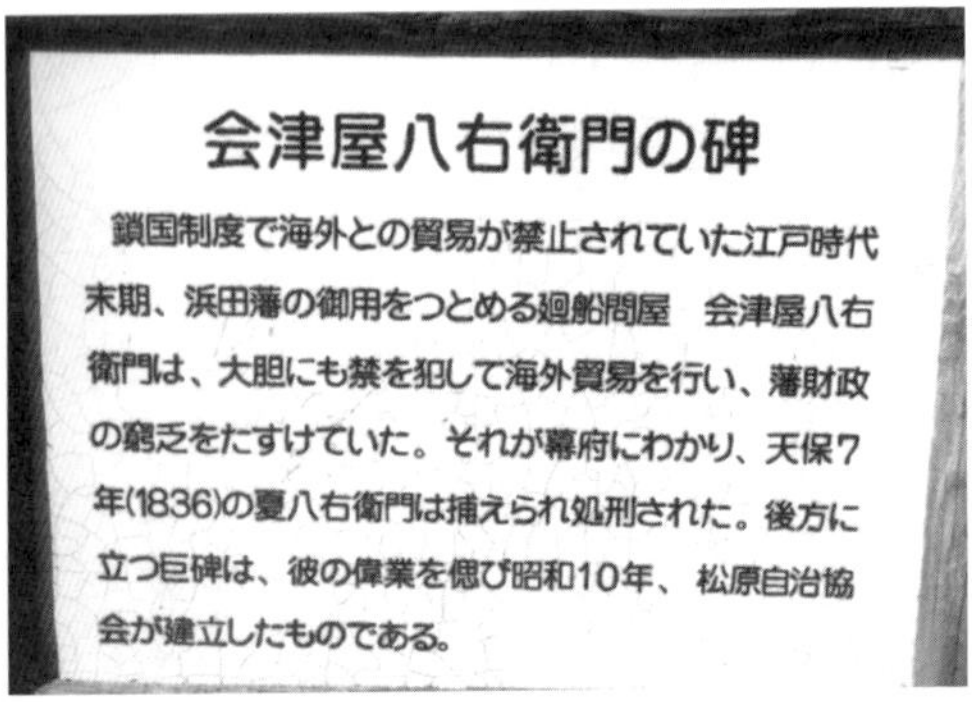
会津屋八右衛門の碑
鎖国制度で海外との貿易が禁止されていた江戸時代末期、浜田藩の御用をつとめる廻船問屋　会津屋八右衛門は、大胆にも禁を犯して海外貿易を行い、藩財政の窮乏をたすけていた。それが幕府にわかり、天保7年(1836)の夏八右衛門は捕えられ処刑された。後方に立つ巨碑は、彼の偉業を偲び昭和10年、松原自治協会が建立したものである。

ている。

その商人の内一人は会津屋八右衛門で外浦では英雄でその偉業を称えた大きな石碑があり、その功績が伺える。会津屋八右衛門は鎖国制度で海外との貿易が禁止されていた江戸時代末期、浜田藩の御用を勤める廻船問屋会津屋八右衛門は大胆にも禁を犯して海外貿易を行い、藩財政の窮乏を助けていた。それが幕府にわかり天保七（一八三六）年の夏、八右衛門は捕らえられ処刑された。後方の巨碑は、彼の偉業を偲び昭和十年に建設されたものである。写真がそれである。写真の左方向に見える森が浜田城があった森である。

外浦港を見ると、風の無い日に天馬船で漁師達が北前船を引っぱって外浦に引き入れたと思われる。案内板には、海の男、

会津屋八右衛門の快挙は暁の海原にきらめく明星として今もなお人々の心の中に生きている。と書いてある。

「七月八日」（木）ＡＭ五時、島根県浜田外浦を出港。島根県の海岸線は二三〇キロメートル。今日は、鳥取県の境港に坂井さん（修理屋）がオートパイロットの取替に造船会社から来てるはず。波は朝から高め、よくゆれる。早く着いて修理している間に坂井さんの車で「水木しげる」のオバケロードに四人で見学した後に温泉に行くつもり浜田を出てすぐ石見畳ヶ浦をチラッと見て温泉津と石見である。石見銀山は鎌倉時代の末期、周防の国守大内氏によって発見された。江戸時代には徳川幕府の直轄領となり、栄華の源と言われた坑道や山跡、街道や古い町並みが往時の面影が偲ばせて、世界遺産に登録されている。

この石見は、銀山を要し江戸時代の日本の経済を支えた。もちろん北前船もその荷物で活躍したところである。ここにも万葉集がある。

「石見の海　角の浦廻を　浦なしと
　人こそ見らめ　潟なしと」

温泉津は日本海に面したリアス式海岸湾入部位置する重要伝統的建造物群保存地区江戸時代の陣屋がある。ＡＭ十時三十五分日御碕灯台を見る。島根半島の西部、稲佐の浜（のち程出てくる）から日御碕へ続く海岸には、奇岩や絶壁が連なる、岬の先端には石造りで東洋一の高さを誇る出雲日御碕灯台は美しい海岸線を一望できる灯台である。日御碕灯台の手前に志都の石屋（靜の窟）があり、ここの万葉が大国主と少彦名の浦であるので。大汝少彦名の

「いましけむ志都の石屋は

幾代経にけむ」

（大国主と少彦名とが住んで居られたこの志都岩屋は、神代の昔から幾代を経たことだろうか）少彦名は、薬の神さんで大阪の道修町にその神社がある。それは少彦名神社である。（道修町は、薬屋の町）日御碕灯台は日本一高い四〇メートルの灯台で海猫の繁殖地でギャーギャーと鳴き声がなつかしい。もちろん灯台の向こうの「出雲大社」は、古事記に創建が記され、因幡の白兎神話や国譲りの神話の主人公である大国主大神を祀る神社で縁結びの神として親しまれている。本殿、御仮殿、神楽殿など、どれも壮観で見ごたえのある神社である。

もう関係ないけど良い縁がありますように。「立花さん神無月に日本国中の神さんが出雲大社に集まるそうやが、そんな大勢の神さんが来て何処に泊りよんねん。なんか神さん全員が泊れる大きな宿舎でもあるんか」「ヘェおまんねん。ホテルが有りまんねん」原田が「ホテル？」「大社の中にある東十九社がホテルでんねん」立花さんの話によると、拝殿から奥にある本殿を右に廻り込むと宿舎東十九社があり、神在月にはそこに神々が宿りそこで神さんが縁結びの相手を決めるらしい。大社本殿に良縁頼んでも駄目らしい。東十九社に頼まなあかんらしい。十九社は、東十九社と西十九社と本殿をはさんで二棟あり、いずれも扉が十九枚あって、細長い社である。

「古事記を読んでたら、色々の神さんいっぱい居てる神さんが全国から、それぞれきて、ハイ今来ましたと、その東十九社でサインして出席を取るのんか」立花さん曰く、それがちゃんと集まる所があるらしい。それが稲佐浜で、あの高い日御碕灯台の向こうに、綺麗な砂浜があってみんな集まったら東十九社から神々を夜に向かいに行く神事があるらしい。写真がそれ。立花さん出雲の国引きの話は、と聞くと「八雲立つ出雲の国は狭布の稚国なるかも」八束水臣津野命は「出雲は幅の狭い布のように未完成の小さな国だ」と述べて「作り縫はむ」と語

稲佐穂の神事

る。そして新羅、隠岐、高志国（北陸）からの四つの「国余り」を網で引き寄せた。出雲国風土記が記す国引きの神話で、その結果できたのが島根半島だと言う。立花さんが「その後に大国主命が「国造り」をしたんですわ」さすが神主、古事記によると大国主命が須佐之男命（すさのおのみこと）から授かった太刀と弓矢を手に、八百万神と呼ばれる大勢の兄弟たちを討伐し、初めて国を造ったとある。神主だけのことはある。しかし、大国主命があっちこっち例えば九州や北陸等の大勢の女と契りを結びたくさんの子どもを産ませた話は知らんかった。それが縁結びの神さんやったら、現在でも不特定多数の女性と関係を持ったと自慢してる人みんな縁結びの神さんや。立花さんの話を聞いている内に予定には無いが神さんが集まる稲佐浜が見たくなったので摩耶が入れる港を探す。幸い、出雲市に「大社港」が見つかったので皆に時間は早いけど稲佐浜を見たいので大社港に入ると言ってここで一泊することに決める。修理屋の坂井さんに境港に着くの一日遅れると電話する。大社港の桟橋に摩耶号を完全に係留してふと見

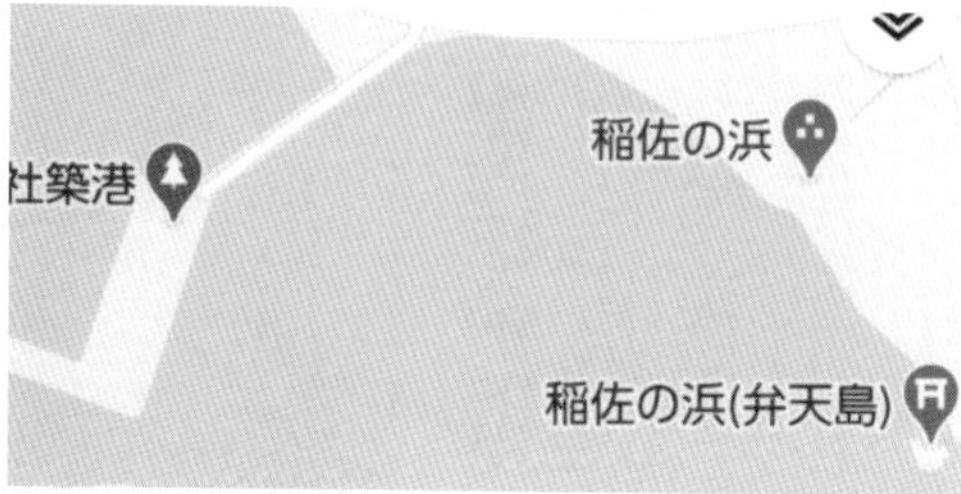

稲佐浜の風景

ると稲佐浜は目の前に見えている。写真がそれ。時間はまだ一時三十分。今から神主の立花さんの案内で時間の許す限り稲佐浜も含め出雲大社も見分する積り。

大社港からさっそく歩いて稲佐の浜に行くことにする。稲佐の浜は、現在は十月に全国の神さんが出雲に来るために集まる場所になっているが、その昔のその昔に大国主命が天照大神に国譲りをした場所である。大社港の防波堤から見えているが十分程かかって稲佐の浜に着く。立花さんの話によると、日本書紀古事記はそれぞれ五十田狭(いたさ)の小浜(こはま)、稲耶佐(いざさ)の小濱(こはま)に大国主命に国譲りを迫る天照大神の使者が降り立った場所が、今我々が立っている所である。出雲大社から西へ一キロメートルで日本の渚百選に選ばれている風靡な景色である。現在は砂浜続きである弁天島があるが、これより三〇〇メートル陸地になっているが屏風岩がある。現在は住宅地の中に残っているが、昭和三十年頃迄はこの屏風岩辺りまで海岸があったらしい。今は住宅の中に残る屏風岩（写真）。高天原の決着は、この屏風岩を背に国譲りを迫ったと伝承される。

天照大神の第四使者に選ばれたのが経津主神（かつぬしのかみ）でその神が剣を抜き「さかさ」にして浜にさしてその峰端に胡坐をかいて国譲りを迫ったそうですが。第一、第二、第三使者の神は、大国主命にまるめ込まれて、高天原に帰らず、報告もしなかったので天照大神が怒って今度は選ばれて第四の経津主神が稲佐の浜に来た。そうして大国主命が天照大神に国譲りした場所、稲佐の浜である。旧暦の十月十日には八百万の神々を迎え入れる神事が行われている。

稲佐の浜の弁天島の岩上には、豊玉毘古命を司る小さな祠があり白い砂浜は南に向かって美しい弧を描いて長く伸び日本の渚百選に選ばれており、又、弁天をシルエットに夕日が沈む風景は素晴らしく、日が沈む聖地出雲のシンボルとして日本遺産にも登録されている。遠浅で夏は海水浴で賑わっている。

ところで十月は「神無月」ですが出雲では十月は「神在月」といいます。又、出雲大社の砂が大変ご利益があって、その砂は本殿の裏側の素鵞社はあるが、砂をいただくためには、稲佐の浜の砂を頂いて、その砂に交換して素鵞社の砂を頂くのである。我々は、素鵞社に行ってからその話を立花さんに聞いたが稲佐の浜の砂を持ってなかったので、ありがたい砂はもらえずでした。ちなみにこの出雲の砂は、家の庭にまけば、家がますます栄え、畑にまけば実が多く生産されるらしい。その他に日御碕神社の砂もご利益があるらしい。

この話を聞いていた原田が何を思ったのか、神さんが剣の先に胡坐をかいたり、島々国(八百島)を造ることが出来るなら、初めからイザナギ、イザナミの両神が淡路島を生み出した時に、この淡路島は地震も無い津波も何の災害も無い島を作っていれば、未来永劫平和で何の災害も無い島であれば、歴代天皇の住まいでありよう宮殿であったなら、飛鳥の藤原京から以後、京都から東京都に天皇の住まいが変わり主都となって来たが、初めから未来永劫に安全な島なら、天皇の住まいとなるべきでなかったか。と原田が言う。皆「そやそや」そうしたら淡路島全体が日本の都で古事記も本来の役目を果たすのかと違いまっか立花さん。立花さん「うーん」。

それと立花さんから大国主命のおもしろい話が出た。初代天皇に神武天皇に即位した天皇に大后を向かえることになり、大国主命が三島の湟咋(みぞしい)の娘で美しい女性だった「美和」が好きになり、何とか自分の女にするためにとった行動がまたおもしろい。美和が厠で用を足している時に厠の下で身を潜め、下から美和の陰部に赤く塗った矢に姿を変えた大国主命が、姫のあそこを突いた。姫は驚き陰部にささったその矢を寝所に持ち帰り、そのまま結ばれて神武天皇の后になる姫を生んだそうだ。原田が、立花さん、その陰部にささったまま、姫が寝所に帰ったんでっか。「さあ、それは原田さんの想像にまかしまっさ」縁結びの神さんが、女を自分の女にするために、なみなみならぬ努力をしている。昭和三十年位迄は厠は汲み取り式で私も経験しているが当時の厠は臭くてウンコとオシッコが入り混じりドロドロした所で現代人には考えられない臭くて汚い場所であった。大国主命でさえ女性をものにするのに超越した努力を必要としているのに、一〇〇円の賽銭で両手を合わせるだけで良縁を頼むのは虫がよすぎる。何事も事をなすには努力が必要だと言う結論に達した。

しかし神さんは、色んな姿に変えられるのはいいなぁー。「透明人間になって、現世では出来ないことしてみたいなぁー」「そりゃあ誰もが考えまっせ」私も透明人間になってみたいです。

出雲国風土記には三矢が男性を象徴し聖なる処女がそれを手にすることによって受胎し貴子が誕生するという物語がある。

「七月九日」AM八時三十分大社港を出る。神さんは、ええなあー。大勢の女と契りを結んでたくさんのこども産んで。私は前にも話したように事情があって長男の嫁真知子に私のこども二人も産ませるが、これは真知子と私の二人だけの秘密です。神さんが大勢の女と契りを結んでこどもを産ませても神さんやから罰が当れへんのかなぁー。そこで立花さんに、立花さんの嫁さん康子も含めて、立花さん、大国主の命がそんなこととして罰は当たりませんのですか？それとも昔やからいいのですか、今ならどうですか？会長（立花さんだけ私のことをキャプテンと呼ばず会長と言っている）今も昔も、私は（立花）神がこの世の森羅万象に罰を与えることはないと私は信じています。（立花さんいいこと言いよる。ほっとした）私の長男幸雄の嫁に幸雄のこどもでなく、私のこどもを産ませたことは嫁の眞知子と私との秘密で今後も絶対に誰にも話せないことですが。十年程前に摩耶に来ている原田の紹介で神主の立花さんと知り合って間もない頃に、お酒の席での余談ですがお寺のお坊さんではありませんが神主をしていて神話とか古事記（古事記は神話？）又は、信者さんから色んな相談を受けることもあろうかと、昔、その昔の男と女の関係の話をしたことがあります。例えば夜這い、女性の下半身はスッポンポンで、電気も無い時代に父親が色欲で息子の嫁に手を出すとか兄弟で一人の女性を共用するとか大国主命が又は天皇の他、源氏物語のようにその昔の男と女の関係はもっとおおらかで現在ではあまり考えられない話とかありまっかと聞いたことがあった。その時立花さんが真偽の程は知りませんがありますねェ。鎌倉時代の説話集「古事談（こじだん）」は崇徳天皇は実は白河上皇の息子で鳥羽上皇にとっては「叔父子（おじご）（系譜上は息子だが、実際には叔父）だったと書いてある。

難しいので図で現わすと次の図になる。

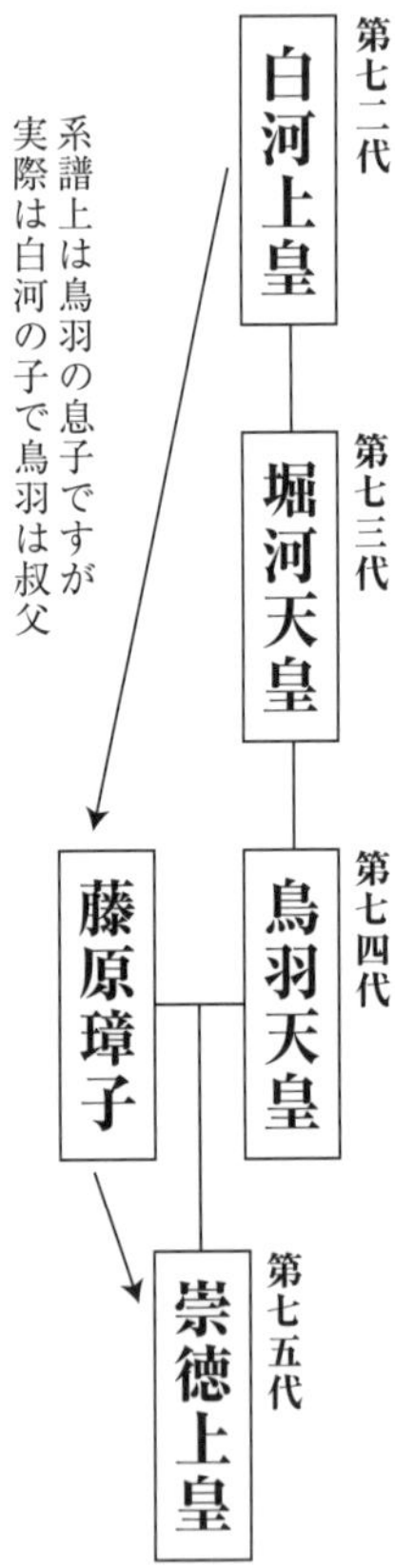

この話を立花さんから聞いて驚愕をして私は言葉を失いました。それは昔とは言え私に似た話にびっくりしたのです。私の長男幸雄（戸籍上は長男ですが実際に血の繋がりはありません）の妻真知子との間に長男信彦と長女音子が産れ戸籍は長男信彦、長女音子となっていますが実際は信彦も音子も真知子との間に産れた私の実子であります。したがって幸雄と信彦、音子は戸籍は親子ですが実際は義兄弟になります。世の中には実際に知られない事柄があるもんですね。私は庶民ですけどね。此の訳は航海上でお話を致します。

うねりが七〇メートル位あるか。島根半島をぐるっと廻り、大鶴島の七つ穴（多古鼻の絶壁に並ぶ大小九ツの洞窟が連なる奇観）を、右舷に見ながら地蔵崎にある美保関灯台を廻れば美保関がある。島根半島の東端に位置し、江戸時代には北前船の要港として栄えた。明治三十一（一八九八）年に完成した石造りの美保灯台であり周辺には、えびす様で知られる美保神社（この美保神社には北前船の船主等の多くが航海

の安全を祈願し巨額の奉納品が示されている）や五本松公園の外に美保神社の前には、大きな井戸（写真）があり北前船が貴校した当時町並みの青石畳道路（写真）が今も残されている。

　ＰＭ四時二十分鳥取県境港着。その前に境港入口付近でめずらしい船を見る。日本海ではあまり見ない低学年がよく乗るセーリングボートのＯＰである。低学年と言っても中学生迄は乗るらしいが。私の孫二人もＯＰに乗ってるねんけど、あのＯＰの指導者もいいと思うねんけど四十数年前に日本が導入してから一件も死亡事故がないらしいで。少々の怪我はあるかも知れんが。こどもが乗る小型ヨットとしては、安定感のある船らしい。しかも話によると強風でも出艇して練習が出来るらしい。境港にはすでに坂井さんが居て摩耶がみなと公園にあるヨットハーバーの桟橋に係留するのにロープを取ってくれる。すぐ給油とオーパイ（オートパイロット）の取替え。

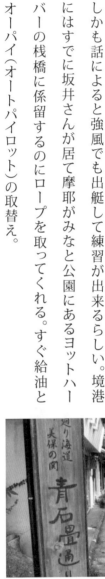

修理は坂井さんにまかせて、我々四人は坂井さんの車で温泉に行き入浴する。この頃はどこの港に行っても近くにコンビニがあり、大衆向きの温泉があるのでありがたい。この境港は米子にある皆生温泉から、境港を通り美保関(美保の国にある美保神社周辺は、美保神社も含め北前船の寄港地で主に北前船主達にとって重要な港で、美保神社には船主達がこぞって航海安全も含めたたくさんの寄付に名を連ねている)また、美保湾を囲むように弓なりになっているため弓ヶ浜である。この弓ヶ浜は、長さ二〇キロメートル巾四キロメートルの弓なりの浜である。日本渚百選で白浜青松も百選に選定されている。この中には「米子鬼太郎空港」もあり、その付近は中海で大根島もその中海にある。又、境港から境水道橋を渡った「七類椀」からフェリーで隠岐島に行く航路でもあります。弓ヶ浜から東へすぐ「木ノ根神社」があり御神体は、男の根そっくりな松の根を祀る神社がある。

ここで立花さんが、鳥取県の元は取鳥部から、大和政権下で鳥の捕獲を職業とした集団があり、紋内や東海、山院などにも鳥取部所在していた話が次の物語である。

日本書紀のホムチワケ(十一代垂仁天皇の息子)伝承は、中史で鳥取部を管轄する鳥取造(ととりのみやこ)の創始話でもある。鳥取造の祖、天湯河板挙(あめのゆかはたな)はホムチワケが生言を話すきっかけになった白鳥を「必ず捕まえる」と奏上し、任務を与えられた。垂仁天皇は、約束通りに白鳥を捕獲した湯河板挙に、鳥取造の姓を与えたとしている。取鳥部は今も鳥取県、鳥取市をはじめ、大阪府阪南市鳥取など各地に名残りをとどめているとか。大根島がある中海（飫宇の海）の万葉が

「飫宇の海の潮干の潟の片思に
　思ひや行かむ道の長手を」

水木ロードでおなじみの数々のオバケを見て堪能して温泉に入浴。温泉の窓からは弓なりになった三ケ浜の景色を見ながら、海に入る夕日を四人が静かに眺める。立花さん、後の話で、先程の稲佐浜が大国主命が国譲りの舞台とか。天照大神の使者タケミカヅチが戦った浜とか。古事記は大国主命が国造りした地上界は大国主命の子建御名方神（タケミナカタ）が天照大御神の使者、建御雷神（タケミカヅチ）に降ろしたことで国譲りされたと書く。

コンビニで買ってきた肴で例のごとくキャビンでわい々。ふと私がところで中村、以前離婚した娘はどないしてるねん。何やこどもがどうかしたとは言ってたな。うーんと暫く考えていた中村が「話は長くなるけど聞いてくれますか」まず離婚に至った話。娘より二つ年下の元

夫は一流商社のサラリーマンで、娘の大学時代の友人の紹介で会い会ったその日にお酒を飲みに行き、その日のうちに暴力的で一方的に、娘の話では否応なしに強姦みたいなセックスであったらしい。びっくりしてると突然、目を疑うばかりの優しさで、これからあなたを大事にするから結婚して下さいと哀願されて結婚したとか。その時の披露宴には、私も招待されて出席したが相手（夫）の家がそこ々格式のある家であったこともあって、その披露宴はそれはそれは立派な披露宴でした。住む家も相手の両親からのプレゼントの一軒家で５ＬＤＫの家とか。

結婚して一年半位で長男が誕生して、暫くして、長女が生まれ、長男が小学六年、長女が小学三年生時位から、娘に対する暴力が始まったらしい。彼の暴力は、夫が家に帰って来た時に玄関で両手をついて出向が無かったとどつかれ、食事がまずいとどつかれ、食器が洗えてないとどつかれ、朝起きるのが遅いとどつかれ、美容院に行くな、化粧はするな、ＰＴＡも同窓会も行くな、家計で足りない分はお前が稼げ、朝は駅まで送れとどなられ、足蹴にされと言った具合の中で驚嘆な優しさがあったりして一年半ばかり我慢し辛抱もして。仲の良い夫婦だと思われていたが、ます々暴力がエスカレートして殺されるという恐怖心から、誰も家に居ない時に実家に逃げて帰って来て初めて、娘に対する夫の暴力を聞かされ知ることになり、家に帰れば殺されるとなり離婚の話が始まった。

娘の両親と夫との話し合いは、なか々まとまらず、それは、こども二人は絶対に娘には渡せない、離婚するならその条件が必要と譲らないから。である。娘と両親はしかたなく二人のこどもは夫の元で生活することで話は成立し、正式に離婚となったある日、娘が二人のこどもに暴力や離婚に至ったことなど話すこともなく、娘の家に、夫がこども二人を連れて来て、こども二人が久しぶりのお母さんを見て抱きついた時は、夫は泣き叫ぶ二人のこどもを力ずくで母親から引き離し二人のこどもに対し「お前らは母さんに捨てられたんや今からわしが育てるからな」母親の足に力の限りしがみつき泣き喚くこどもを連れて帰ったきり、娘はこどもに会えなくなった。その時の光景と泣き叫ぶ娘がお母さんお母さんこども叫ぶ。こどもを離すまいと必死にこどもに手を伸ばす姿は、大地が反転するぐらいの地獄そのものでした。

それからの父親がどう話したかは分かりませんが、こどもは母親から捨てられたと思いこどもと連絡が取れず、何回か会うために学校にも行ったが会えずじまいの時、長女が六年生でもうじき中学生と思う時に、長女から突然郵便物が届き、開けてみると中から「日記帳」

が来て読むと、娘は、滝のような涙を流し狂乱した。その日記が五冊もあるので要約すると、
（五冊の日記帳は小学生らしくひらがなが多いので、読みやすく所々漢字を入れて再現する。）

まず冒頭に

十月某日

私は（娘の名前は佐知子）お母さんを絶対に許さない。例えば死んでも許さない。佐知子はお母さんを恨みます。

十一月某日

今日父から家のすべての食事と洗濯等家事のすべてを佐知子がするように命令されました。あの時、母が実家に帰っていたときには家事のすべてを父親がしてくれていましたが、お前はお母さんに捨てられたのでお母さんの代わりに家事のすべてをするようになりましたが、父が怖いです。多分遊びに行けなくなるかも。

十二月某日

家で使う野菜は、できるだけ家の庭を畑にして作るようにといわれました。畑をしなかっ

たら父に叩かれる。

佐知子はいままで畑なんかしたことがないのでできない。誰か佐知子を助けてー。とさけんでも悲しい。誰も佐知子をたすけてくれへん。

十二月某日

父がクリスマスプレゼントに畑を作るためのスコップとくわを買ってきました。すぐ畑を作るようにいわれたので少し寒いけど父がてつだってくれるので一緒に畑作りをしました。手足に小さい傷だらけになったので、薬を塗っとけと、メンソレータムをくれました。そのあと、何をうえるか、お前が考えてやりなさいと言われました。佐知子なにをうえるかわかりません。タネを探しに行きました。

四月某日

四年生になりました。今日学校でたいそうの時間に、和ちゃんと手を組んだとき、和ちゃんに佐っちゃんの手かたーといわれましたが、和ちゃんの手がやわらかいのでびっくりしました。畑にキュウリやトマト、ゴーヤをうえました。春なので畑しごとがらくちんです。冬はきらいです。でも進兄ちゃんが時々手伝ってくれます。佐知子には進兄ちゃんと、犬のミレーしかおりません。

六月某日

学校からすぐに還らないと畑とか食事とか買い物もあって遊ぶことができません。ゴーヤはキライです。くきがのびてたなを作らなあかんから佐知子できないどうしよう。

今日のばん、父からいつもより少し多い生活費をもらいました。佐知子は静子(母親)を恨みます。誰か助けてェー。

八月某日

佐知子夏休みがキライ。ともだちがだんだんすくなくなりました。でも家では犬のミレーがシッポをふって佐知子をなぐさめてくれます。

十月某日

畑にはいろ々みどりの野菜がなってます。佐知子のゆめは、お医者さんになることですが、お医者さんにならず、お百姓さんのお嫁になろうかな。

十一月某日

生活費足らなくて、父にしかられました。進兄ちゃんが佐知子をかばって父に叩かれる。

一月某日

お正月も冬もないほうがいいです。あかぎれのくすり買うお金がないから。ミレーお金持ってない。どこからかお金持って来て。お願い。

二月某日

おばさん(父の妹)が父からたのまれて、佐知子と進兄ちゃんのふくを買ってくれました。学校にそのふく着ていきます。思い出したくありませんが、以前お母さんとふくを買いに行ったことを思い出し、涙が出そう。でも学校あまり好きでなくなりました。みな五年生になる話をしています。佐知子もみんなと一緒に五年生になれるのかなぁー。

寒くても洗たくと食事の用意します。畑しごとは、学校に行く前にすませました。でも朝のごはんの用意はいやです。キライです。寒くても早くにおきなあかんので、むりです。だれか助けて。進兄ちゃんがやさしくしてくれるのでまだましです。家に一人でいる時に大きな声でさけぶのですが、いつも誰も佐知子をたすけてくれへん。どないしよう佐知子わかれへん。

三月某日

もういやです。だれか助けてください。げんかいです。ミレー佐知子のお母さんどこに行ったん。佐知子ひとりぼっち。

五月某日

四月に畑にコエをやるのわすれて父にしかられました。春の畑はすることがたくさんあってキライです。学校で六年生のしゅうがくりょこうの話があったけど佐知子いけるかなーお父さんお金だしてくれるやろか。くつも穴だらけで買いかえなあかんけどいつお金くれるやろか。佐知子べんきょうが好きやし、せいせきもいいからぼろぼろのくつはいてても、だれも見てみないふりして、いじめないから、まだ学校ちょっとだけがまんできるね。

七月某日

どないしよう。学校の帰りにおしりから血がでてパンツ、血でまっかっか。このまま死ぬのやろか。誰か助けてー。

七月某日

今日もおしりから血がでてるし、死ぬかのかな。学校へはいかれへんは、まだ死ぬのいややからいつも行くお医者さんのところへ行きたいけど、お金いるやろうなぁー死ぬのいややからお医者さんとこいって話をききました。こんなことで死ねへんねんてぇ。女の先生がおしえてくれはった。お母さんはと聞かれたので、お母さん海外旅行でおれへんとうそついた、先生ごめん。

佐知子次に生まれ変わる時女より男に生まれ変わりたい。ミレー聞いて女の子は大きくなったら生理があるねんて。女の先生が教えてくれはった。生理用品のはなしも聞いたけど買うのもお金いるし、お父さんにはなしでけへんし、どないしよう。お母さん旅行から帰ったらおこわたいて祝ってもらいやて先生言うてはったっけど、佐知子お母さんおるけどおれへんやん。なあミレー悲しいなぁ。

七月某日

今日から夏休み、校門のところに静子おったから見つからんようにして帰って来た。これで二回目や。何しにきたんやろうあのくそばば。顔みたらなんか悲しいわ。なくやないか。家に帰ってからなみだがでたわ。畑しごとしよう。こんばんのおかず何しようかな。買い物にもいかなあかんし、しんどいわ。ミレー買ってきて。もういやや。悲しいわ。死にたいわ。

十一月某日

五年生になったら何で秋が悲しいんやろ。あさ方、お父さんが佐知子の部屋のぞいていたな。いややわ、きもいわ、また進兄ちゃんにいうとこ。ミレーはわたしのみかたやけどお父さんにもシッポふるからやくにたてへん。

日記はまだ々続くのですが、小学五年の女の子が一家の主婦みたいな生活が日記の中に綴られていて何回も何回も、佐知子もうこれで限界やといっていて、何でこの五年生の女の子がこんな目にあわないかんねんやろかと思いますが所々に母親に捨てられたという悲しさと、恨みが見ゆけられる。読んでいて、可哀相でかわいそうで、結局六年の修学旅行もいけずじまいでした。

十二月某日

佐知子お正月きらいです。中三になった進兄ちゃんも家に帰ってこない日が増え、何だか心配やし佐知子悲しい。

今日、買いものに行った時、生理が始まったので、おこわを買いました。少しおくれたけど佐知子ひとりで先生に聞いた初潮のお祝いしよう、一人でさみしいけど、ちょっとくやしいけど、しょうがない。何のためにお祝いやろ。佐知子は一人ぼっちやもん。なんか涙が出てきた。ミレーを抱きしめる。

三月某日

進兄ちゃんは中学卒業したみたいやし、いまどこに居るかわかれへんし、お父さん何も言わないし佐知子悲しいわ。

春がきたら佐知子中学生やのに、主婦みたいに毎日がいそがしいし、うれしくもないけどともだちがお母さんと一緒の中学の制服買いにいったり、中学生やからともだちと買いものしてるの見ると佐知子ちょっと悲しい。佐知子にはお母さんおれへんもん。お父さんが今夜佐知子が風呂に入っているのにこちらにのぞきにきたり佐知子お母さんに捨てられたのでお母さんの代わりせなあかんと言うお父さんもきもいし、またずーっとずっと食事せんたくいつまでせなあかんねんやろう。

お金もくれへんから畑のしごとはふえていそがしいし「もうしんどいわ」ともだちの楽しそうなすがた見てうらやましいと思うけど、お母さん恨むわ。佐知子まだ「こどもやもん」お母さんお母さん佐知子もうしんどいわ。

三月某日

お父さんがいないとき畑しごとしてたら、ケイサツの人がきて進兄ちゃんがたばこを吸っていてつかまったみたい。佐知子お兄ちゃんがやさしくしてくれるからこどもでもいままで生きてきたけど、お兄ちゃん佐知子のためにも、悪い人にならんといて。お兄ちゃん佐知子はあの静子みたいに帰る実家もないねん。ひとりぼっちやねん。お兄ちゃんはお母さんのところに行って。もうお父さんにみきりをつけて、お兄ちゃんはお母さんとこにいって下さい。佐知子はいくとこないけどお兄ちゃんはお母さんのとこにいって下さい。おねがいします。佐知子のおねがいです。そこからこうとう学校にいって、悪い人にはならないで佐知子のお願いです。

お兄ちゃん佐知子もうつかれたわ小学生には「むり」ただお兄ちゃんといままで一緒にいられたのは、佐知子幸せでした。、お兄ちゃんだい好きです。お兄ちゃんはお母さんのところにいって。佐知子はお母さんをゆるせないので行くとこないのでこのまま死にます。お兄ちゃんくれぐれも悪い人にはならないで。それだけは佐知子お願いします。

それからこの五冊の日記はいややけど捨てられたお母さんにみせつけのためにお母さんに

送ります。この長いつらかった五冊の日記は佐知子がお母さんに対する恨みと許せないお母さんに対する遺書です。死ぬ前に、父さんに何でお母さんやお兄ちゃんまで叩くのか聞きたいけど、聞いたら佐知子死なれへんかもわからへんので聞かんとこ。一応お父さんも「さよならね」

ただ佐知子の人生が小学六年生で終わるのは、少し残念です。それは中学生にもなれず佐知子の夢であったお医者さんにもなれずに小学六年生で死ぬことです。いまさいごの日記を書いていますが、なみだ出てとまりません。死ぬのもほんとうは佐知子こわいです。うまく死ねるかわかりません。お父さんわたしの死んだ姿みて、泣くやろか。たぶん泣けへんやろうな。佐知子悲しいなぁー。ミレーいままでありがとうな。佐知子やっぱりお母さんと普通でいいから一緒にいたかった。小学生やもん。だれも佐知子たすけてくれへんかった。つぎは男に生まれ変って、お父さんと闘います。

この日記(遺書)が母に届く頃には、佐知子はもうこの世に居りません。お母さん、お母さん、お母さん、おかあさん　さよなら。でも佐知子お母さんをゆるせヘン恨みます。せやけど佐知子むねがさけるほど悲しいし、なみだとまれへん。死ぬのこわいけど、もうあかんわ。

中村が、会長、娘と孫が可哀相で……。どこの家でも表面には見えないけどいろ々あるねんなぁー。最後の日記は、孫の涙で字がにじんで読むのがつらかったとか。原田がだまってキャビンから出てすぐ立花さんも出て、デッキで涙がこぼれないように夜空の星をみとる見上げてる。仙崎で見た詩人金子みすゞも夫と離婚して娘を夫に取られて、こちらは娘ではなく母親のみすゞが悲しみの内に自殺している。ただ中村の話で気になったのが、孫の佐知子さんに父親からの性的虐待が無かったかが気がかりでした。何回も父親からお母さんの代わりと言っていたことが潜在化しやすい家庭内のことが心配であったが、中村に問いただす勇気がなかった。

「七月十日」ＡＭ六時十五分、境港を出る。鳥取県の海岸線は約百一二九キロメートルです。雨。昨日から給水に困っている。水道の蛇口が合わず、給水できず。まあ余り水を使わないので、まあええか。ところが出港まじかに蛇口が見つかる。そのため六時出港が十五分遅れる。坂井さんはオーパイの調子を見るため、次の鳥取港まで同乗する。どうやら大丈夫みたい。七月六日に仙崎から乗船した「ハエ」まだ飛びまわりうるさいので、九時五十分天国に行ってもらうナムアミダブツ。境港を出て二時間位すると、鳥取のシンボルである大山(標高一、七二九メートル)の頂が見えて来た。しばらくすると、大山の雄大な全容が見える。この時の大山は、中腹に少し雲が掛かり頂上はその雲の上に現れた大山は、見てて飽きない山である。

ＰＭ十二時十分鳥取に着く。坂井さんＪＲで帰ってもらう。ご苦労さんでした。美保湾を東へ横切りはるか南の方の皆生温泉あたりを見ながら淀江があり、赤崎の所にあまり知られていませんが、鳥取には、二ツの砂丘があります。一ツは鳥取砂丘でもう一ツが北条砂丘です。この北条砂丘は、長さ一二キロメートル巾二キロメートルの砂丘で更生世期、中国山地の風化した花崗岩が砂となり、天神川を硫化して推積して出来た砂丘です。また橋津、泊等すべてが北前船寄港地です。又橋津の奥には「はわい」があります。「ハワイ」ではなく、東郷池がありそこが「はわい温泉」です。何回か来たことがあり、はるか海から懐かしんでいました。

飛び廻るハエを天国に行ってもらうためにハエを追っている時にふと康子、ぼちぼち今日位アレが始まるのと違うかなと思っていたら、案の定康子から生理(康子五十才やけどいつまで生理があるのかな)が始まりましたとメールあり。それには、私のからだは、いつも社長を求めています。生理があるのも社長のため。あれから十年を過ぎましたが、康子のからだも心も社長に魂を持って行かれました。逢いたいです。

康子のことを考えていると、康子の夫立花さんが右舷に見える海岸が因幡の白兎で知られる白兎海岸です。立花さんが指を差す方向をよく見ると、白い鳥居が見える。その奥に石段が見えて山の奥に消えて行くのが見える。立花さん、あの白い鳥居さんですか。「そうです」石段も見えますねぇ「ええ見えてます」。

古事記によると「むかし々隠岐の島と言うところに一匹の白兎が島の向こうの因幡の国に渡ろうと思い一計を案じ、海を泳ぐ鮫たちに、俺たちの数とお前たちの数とどちらが多いか比べようと鮫たちを並べ背中を跳んで数えたあと一匹というところで白兎が、まんまとだまされたな、俺はただ海を渡りたかっただけさ。腹を立てた鮫たちは白兎の皮をはぎとり赤はだかで浜に放り出される。そこへ大国主命のあの神様の兄たちの、八十神たちが美しい八上比売を妻にせんと、弟の大国主命に荷物を持たせ求婚に向かう途中の日恵海岸で皮をはがれた白兎に出会う。赤はだかのうさぎに「海の水で体を洗え」「山の上で風に吹かれろ」などと嘘をおしえて症状をます々悪化させたのに対し、大国主命は「真水で体を洗え」蒲（写真がある）の花を敷いてその上に寝なさいと教えると傷は治り白兎が「八〇の兄神よりもあなたは力を持つ大きな神様になるでしょう」と白兎が、八上比売は兄神でなくあなたを選ぶでしょうと予言し、その通りになった。

又、白兎神社は実は皮膚病快癒の信仰の対象で江戸時代を通じて鳥取藩の藩主と一族が疾病病褥瘡の快癒の祈願を行っていたとか。現在白兎海岸には「うさぎ」が神さんになって、白兎神社があり。縁結びの神様として知られている。

白兎神社の本殿

出雲大社は全国的に縁結びの神様と知られていますが、その大国主命が古事記によると、自身が縁を得るためには、大国主命は、自分からその女性に仕掛けてその女性

と結ばれることが多い、その大国主命に比べて白兎神社の白兎は大国主命と八上比売を結んでいる。それからすると縁結びの本家は出雲大社ではなく、白兎の白兎神社であるべき。そうすると、縁の欲しい人は出雲大社ではなく白兎神社がお勧めである。

鳥取港は、大きな港で賀露神社があり賀露港とも言われていました。地元の人は今で鳥取港と言わず賀露と言っている賀露神社は、昔、鳥取藩主がたび々訪れて寄進もしています。

この鳥取砂丘の入口附近に

「浜坂の遠き砂丘の中にして
　わびしき我を見出でつるかな」

白樺派の作家「有島武郎」の歌碑がある。（写真）有島は、この歌を詠んだ一ヶ月後に「婦人公論」の記者、青山学院大学出身の波多野秋子（当時二十九才）と六月九日、軽井沢の別荘で心中して一ヶ月たった。七月七日早朝に発見された有島武郎四十五才でした。又、砂丘と初めて呼称したのはこの有島で、それまでは鳥取砂丘のことは砂漠又は砂浜と呼ばれていた。

「七月十一日」（土）AM五時五三分、鳥取を出る。鳥取と言えば梨である。明治三十二年に千葉県より導入され、梨の中でも鳥取県の特産物である二十世紀梨の生産量は日本一であり、二十世紀以外の品種も数多く栽培されている。くもりのち晴れ。昨日入港する前に見た砂丘がすぐ目の前に。

ギリギリ迄船を砂丘に近づけてゆっくりゆっくりと砂丘に沿って摩耶を走らせる。感無量である。何回か砂丘に来るたびに、砂丘に登り海を見るのが楽しみであった。いつの日かこの群青色の海を船で、船から砂丘を見るのが夢であった。今、愛艇摩耶号でまさに海から鳥取砂丘を見ながら「海は広いなあ、大きいなあ、海にお船を浮ばせて、行ってみたいなよその国」小さな夢でも思いつづければ思い奏でるものである。誰でも砂丘から群青色の海を見た時、行ってみたいなぁよその国と思いませんか。だんだん遠くなる砂丘をいつまでも見ていました。

この鳥取砂丘は、東西一六キロメートル高さ九〇メートルの日本最大規模を誇る大砂丘で鳥取を代表する観光スポット。風紋、砂簾など風や瀬の流れによって繰り返し描かれる砂の模様は、まさに壮大な自然のアート、山陰海岸ジオパークのひとつである。又、浦富海岸は、この砂丘の続きで、東は、陸上岬から西は、鳳馳山までの美しい海岸線でこの一帯は、山陰海岸国立公園に指定されている。白砂青松は、海水浴場のメッカである。

それと遠浅日本海側の兵庫県には寄港する予定はありませんが、瀬戸内と違って浜坂温泉があり、「但馬御火浦(たじまみほのうら)」は、洞門や島など美しい海食海岸が八キロメートル続く天然記念物がありJR山陰線の余部橋梁があり全長三一〇・六キロメートル巾七・二五メートル高さ四一・五メートルで空の駅と呼ばれ余部駅が高さ四〇メートルの展望施設を直結していて、日本海が一望できる山陰本線の名物である。それに松葉ガニの香住港があり、香住海岸と洞門が続き。はさかり岩は、洞門の天上層がおちかけて途中で止まり挟まっている寄岩があり、竹野は北前船の寄港地として栄えた所である。又、豊岡市は「こうの鳥」の繁殖で知られている。

兵庫を通り越して京都府へ。文化財となっている「舟屋」の伊根港に入る予定。出港して二時間、トラブル発生！又、オーパイが鳴り出して「アウト」ラットをスタンバイにして目的地に向かう。ところが今度は、ラットがきかなくなり、(ラット↓舵(かじ))あわてる。が五十五年間ヨットやってきて初めての経験。一一八番、海上保安庁に電話する前に、ハンドルを外すと言うより外れる。もちろんエンジン止める。坂井さんに電話する。出る。「コラ！オーパイもきかへんし、ラットも外れたやないか。どないしてくれんねん」とどなる。「此のまま流されて北朝鮮に拉致されたらどないすんねん」「すんまへん、ラットの下みとくなはれ！」「オオ！見た」「小さなネジ見えまへんか」「ちょっと待てよ」四人が代わるがわる下を向いてネジを捜す。なかなか見つからず、船は進むこともさがることも出来ず波間に浮いた浮いた。その内二人が船に酔ってアウト。ネジが見つかる。「ネジどうすんねん」「ラットの右の下に穴があいてまへんか」「ちょっと待てよ」その内もう一人酔う。小生一人。船酔いは大きなうねりと、小さな波で誰でも船酔いはするが、船が走っている間は船酔いをする人は少なく船が止まって波に浮いた浮いたとなった時に船酔いが始まる。釣り舟でもだいたいがそうである。魚場について、さあこれから釣りが始まる、まさにその時に船酔いが始まるのである。摩耶も浮いた々で船に乗りなれている彼等も、これだけ波に揺れれば大概の人は船に酔う。私は船に酔ってる暇がない位忙しい。

四十分位掛けて何とか舵は直る。「コラ、オーパイどうすんねん」「会社に帰ってから社長と話をして返事しまっさ。暫くそのまま行っとくなはれ」なんやて、怒ってもしゃない。「早いとこなんとかせいよ」「わかりました」この事故は修理屋坂井さんのチョンボだ。

昨日立花さんの嫁康子からのメールでに生理が始まりましたとあったのを思い出し、そこで立花さん古事記か日本書紀にヒめの月経について書いた書物は無いですか「ありまっせ」立花さんの話によると古事記に東征の大事を成し遂げて尾張国でミヤズヒメ（ヤマトタケルノミコトの婚約者）の歓待を受けるヤマトタケルノミコトがミヤズヒメの羽織の裾に月経の血がついていたので

「ひさかたの　天の香具山利鎌に　さ渡る鵠　弱細　撓や腕を　纏かむとは　我はすれどさ寝むとは　我は思いど　汝が着せる　襲の袖に月立ちにけり」

新月のような姿のあなたを抱きたいがあなたが着ている羽織の裾に月が（月経）が出ていようとは。ヤマトタケルノミコトは月経で抱けないので失望する話があります。ヘェ「立花さん神さまは月経の女は抱けないいんですか」立花さん「わたしは神に仕える身やから月経で汚れた女は抱きまへん」（あほか〈心の中で〉お前嫁はん康子も神主やのに月経の時わしと寝とるぞーそれは途中に生理が始まった時やったけど）

古事記にヤマトタケルノミコトの最後、草薙神剣で何回か戦い難を逃れた「草薙神剣」を

ミヤズヒメに授けたことによって、伊吹山向いて亡くなっている。鳥取県から兵庫県に入り天然記念物になっている「但馬御火浦（たじまみほのうら）」洞門や島など美しい海食海岸が八キロつづく海岸を見ながら、伊笹岬（伊笹岬展望台がある）通り過ぎると間もなく竹野海岸ここは美しい海岸線と海水浴場があり、北前船の寄港地として栄えた所である。兵庫県は、山口県と共に、太平洋側と日本海と両方の海を持つ県である。先にも書いたが瀬戸内の海岸が四八四キロメートルで日本海側が五四キロメートルである。兵庫県の海岸の距離は両方合わせて六八八キロメートルである。

　ちょうど右手に久美浜湾の入り口が見えて来た時立花さんが久美浜湾に美知能斯王（ミチノウシノミコト）の女等（ムスメタチ）（比婆須比売命、次に弟比売命、次に歌凝比売命、次に円野（マトノ）比売命、并せて四柱（ヨシハシラ）を喚し上みたまふ）美知能字は十代崇神天皇が全国に派遣した四道（シドウ）将軍の一人丹波に派遣された丹波道主命のこと、この四人の女等の内、ひばすひめは十二代景行天皇を産むがその妹の（うたのりひめ）と（まとのひめ）二人は、不細工な女であったため父の丹波道主命の元へ帰される。しかし帰されたひめ二人は丹波に帰る迄に自殺すると古事記に記してあるとか。面食いの天皇に捨てられた二人は可哀相に。いつの世にも美人は得するか。

その直ぐ北には琴引浜があり、その砂浜を歩くとキュキュと心地よい音がする。泣き浜である。丹後半島の経ヶ岬を廻って一時間三十分程時間のロスしたが、ＡＭ四時十五分、舟屋伊根に着く。伊根の舟屋は、伊根湾を囲むように約二三〇軒の舟屋が立ち並ぶ。漁村では全国で初めて国の重要伝統的建造物群保存地区に選定。舟屋は、一階が駐船場や作業場、二階が生活の場としての居宅などになっている。

隣にヨットが係留。そのヨットのおっちゃん、「その船Ｓ造船会社から買った船でっか」「そうです」「Ｓ社の社長、あんな船でよう日本一周行くわ。あきれていたで」何、船売っといて良く言うわ、あのアホ。あとで社長に聞いたら、船が悪いのではなく、あんな小さな船でヨットマンなら一度は星を見て波を読みながら日本一周を夢みるが、誰もが未知の海に恐怖を惑わしてるのに言う意味で言ったとか。そのヨットのおっちゃん、日本一周するために準備してんねんてぇ。腹いせに高級料理屋ディナーと入浴、油一四〇ℓ、一〇、九〇六円。

立花さんが「会長、ここは浦島太郎の故郷です」「むかしむかし浦島は、助けた亀に連れられて竜宮城にきてみれば、の浦島か」「そうです」立花さんによれば、浦島太郎の元は浦島嶋子伝承で、日本書紀に

「丹波国余社郡管川の人、水江浦島子、舟に乗りて釣りし、
遂に大亀を得たり。便ち女に化為る」

そして

「是に浦島子、感でて婦にし、相逐ひて海に入り、
蓬莱山に到り、仙衆に歴り都る。語は別巻に在り」

立花さん続く「大亀の化身を妻にし、一緒に海に入って蓬莱山に行き、仙人たちと次々に出会ったということです」「浦島が三年位と思っていたのが何百年も月日がたってたんやな」「そうです、ここに浦島を奉る浦島神社がその上にありまんねん」浦島太郎の話、京都にあったなんて、知らんかった。「ほんだら浦島が背に竿をかついで、こどもが亀と遊んでる絵本、この辺の浜やなぁ」「そうでんな」立花さん居るから知らんかったことよう解ってええわ。そう言えば以前ポリネシアのマルケサス諸島の人々は先祖が海から来た海洋民族で死ねば岩の上から、船にみたてた柩に入れて海に返すとか。彼等の天国は海の底にあると信じられているからである。どこの民族も、海の底にはタイやヒラメが舞い踊っている天国なのは共通のものか。

昔は日本海側が日本の表玄関で丹後の栄光を伝える物語とか。船内で寝る前に古事記によると九州にも浦島太郎の話があるとか。この伊根から少し南へ行くと直ぐ天橋立、宮島に並ぶ日本三景のひとつで、全長三・六キロメートルの砂嘴に見事な松林が続く。天地が逆転して見える「股のぞき」が有名でその姿は北からは「天に架かる橋」、南からは「天に昇る龍」にたとえられる天橋立である。股のぞきの傘松公園の後には、西国三十三所、二八番の成相寺がある。その寺歌が

「波の音　松のひびきも　成相の

風ふきわたす　天橋立」

成相寺は、山の中腹にあり歴史を感じるお寺である。

「七月十二日」(日)京都伊根をAM六時十五分、出港、京都府の海岸線は約三一五キロメートルです。くもりのち晴れ。昨日伊根に着くと坂井さんがオーパイ修理のため夜遅く着く。時間を掛けるが修理できず、今度は馬力のあるオーパイをアメリカに注文して、又治しにきまっさ。何を気楽なこと言っとんねん。アメリカからいつ来んねん、アホカー。しょうないか

ら手動で航行している。

手前十時の方向に博奕岬が見える。舞鶴湾の入口である。舞鶴湾には、北海道行きのフェリーが出ている。また、戦後引き揚げ船の船着き場（桟橋）がある。終戦後、ソ連（シベリア抑留）から志那から戦地で戦った軍人が日本に帰るための引き揚げ船の第一号船「雲仙丸」が二、一〇〇人を乗せて昭和二十年十月七日に祖国舞鶴港着岸したのを皮切りに、昭和三十三（一九五八）年に最後の引き揚げ船「白山丸」が九月七日に着岸する迄十三年間のべ三四六隻の船が、約六六万人もの引き揚げ者（復員兵）を迎え入れた港が舞鶴港であった。

あの一世を風靡した歌手、菊池章子の「岸壁の母」で、「母は来ました　今日も来た　この岸壁に今日も来た」である。舞鶴港での引き揚げ船でもっとも悲劇であったのが、祖国を目の前にして江島丸が引き揚げ者五二四人を乗せて、不可解な原因で沈没して五二四人全員の死者を出したことである。沈没したのが舞鶴市舞鶴港であったため目撃者も大勢いたとのこと。

また舞鶴湾の山手にはやはり西国三十三所第二九番の松尾寺がある。松尾寺は「若狭富士」と呼ばれる青葉山に鎮座している。小浜の入口付近にある今戸鼻の音海大断崖（ダイナミックな海触景観を二七〇メートルの高さから見下ろせる絶景のスポット）を過ぎ、若狭小浜（ここも北前船の寄港地で今も廻船問屋の屋敷が残っている）を過ぎると、福井県の三方五胡である。ここにも三方の海として万葉に詠まれている。

「若狭なる　三方の海の浜清み
　　　い行き帰らひ見れど飽かぬかも」

（若狭の国の三方の海の浜が清いので行きつ座りつしていつまで見ても飽きないよ）

そして美浜の根上りの松郡の舟生日浜を見て直ぐ立石岬を廻れば敦賀湾である。敦賀と言えば気比の松原と気比神社である。ここも万葉集に詠まれている。そして何といっても敦賀は北前船のメッカである。琵琶湖の北の塩津、この塩津港から丸船という琵琶湖特有の舟で荷物を大津迄、大津から当時大都の京の都に物が運ばれたのであるから、始めは北海道から、海産品は下関から大阪に行かず京に運ばれていた。ここからの日本海の北前船の寄港地は、「河野」「三国」「加賀橋立」「金沢」「福浦」「輪島黒島」「輪島」と主な北前船の寄港地がある。私がこどもの頃琵琶湖特有の九船が運航しているのを見たおぼえがある。現在は、丸船を見るには塩津の展示場に行く必要がある。

今日は、福井県の三国港に入港予定。ここも北前船の寄港地。今回の航海にオートパイロットはなしで行くことに。行けるかな、ふと心配になる。クルーには、心配せんかて何とかなるさ、とつよがりをみせる。十二時四十分頃三国港に着く。少し前、松本さん（摩耶より六ヶ月早く四月二十七日西宮を夫婦で出港したヨットで日本一周しているヨット仲間）より電話あり。知り合いに頼んどいたげたから、そこに船をつけなはれ。その人は九頭竜川を上がり少した所にヨットあり。そのヨットに抱かせてもらう。油九〇ℓ、入浴。自転車で観光する。

真知子からのメール「真知子にはやはりお義父さまが必要です。お義父さまなくして何の人生でしょうか。真知子とお義父さまの子信彦を生んで二年後に又お義父さまの子音子を産んだ時、お義父さま、もうわしの役目は終わったので、真知子はまだ若いので私と真知子が生んだこどもだけを育ててくれればいいので真知子は、これから私のことを考えずに好きに生きなさいと、おっしゃって真知子を離そうとなさいました。真知子はお義父さまの長男幸雄さんとお見合い時、主人の幸雄さんよりお義父さま見た時から直ぐに好きになりました。決して小さい頃に父を亡くして父の愛は知りませんが、父を慕ってお義父さまを父の姿に変えたことはありません。

あの時から純粋にお義父さまが好きになったのです。どうか自分自身を責めないで下さい。今、真知子は幸せです。（真知子との始まりは、妻京子の裏切りの反動もあって真知子を私自身のある意味犠牲にしたと後悔もあったが、日頃の行動と言動に三十九才の年の差を通り越して真知子が身も心も私を恋しいと思う姿に私も心が揺らぎ、心底から真知子が好きになっています）

「七月十三日」（月）ＡＭ六時三分、三国を出る。福井県の海岸線は約六〇九キロメートルである。風波高し又うねりあり。

昨日三国温泉に入った後、すし屋（回るスシではなくカウンター）。に入りお酒もそこそこ美味しく、今日の朝食にバッテラを買う。三国港は、作家高見順の出生地で、歩いていると、高見順の生家をみつける。あっちこっちに北前船繁栄の跡が見受けられる。その中の三国神社では、めでたい結婚式に出くわす。しばらく神社とその花嫁の美しさにしばし見とれる。この三国神社にも万葉がある。

「三国山 木末に住まふ むざさびの
　鳥待つごとく 我れ待ち痩せむ」
（三国山の梢に住んでいるムササビが鳥を待つように、私はあなたを待ち焦がれて痩せることでしょう）（ムササビが住むような森の深い神社であった）

出港してすぐ右前方に岸壁が高くそびえ立つ荒々しい海岸があの飛び降り自殺で有名な東尋坊が見えた頃から、風と波が高くなりすぐ避難港を探す。ところで東尋坊が何で東尋坊やねん、と誰れとはなしに言った時、原田がその由来を話す。勝山市平泉寺にある坊主の名前が「東尋坊」その住居跡。粗暴を理由に、仲間の僧達からこの断崖の海に投げ込まれたので「東尋坊」と名付けられた。それにしても仏に仕える坊主が、なんぼ粗暴な坊主でも断崖から放り投げることないやろう。投げ込んだ坊主こそ「くそ坊主め」と私のひとり言。避難する港をチャートで探し三国港を出て間もなくすぐ加賀市橋立港に八時に入港。ここも北前船で有名な港。北前船と同じ風待ち、波待ち、潮待ちをする。八時三十五分、金沢の気象台に電話。風一四メートル、波二、二メートル正に風待ち。漁師のおっちゃん摩耶に来て色々聞かれる。北前船の船主の家何軒かあるので入場料五〇〇円で中を見せてくれるので行っといで。

北前船の資料館

船主の屋敷三軒程まわる。皆立派な家ばかり。写真が五〇〇円で見れる資料館。この資料館の前にうどん屋がある。

ＰＭ一時三十分、風が少し弱くなったので橋立港を出る。風は治まったが、波二、三メートル、うねり五〇メートル。摩耶この葉のようにローリング。出港して一時間三十分、波四メートル、どうしようか引き返そうか、船長の判断の分かれ道。摩耶のスタン（自船の後尾）から船を飲み込むような大波、どうしよう。バナナ食べて考えよう。バナナ探す。何で今バナナ？ＰＭ二時四十分頃茶ビンが落ちてくる。コップが飛んでくる。コップは割れないアルミ製。まるでジェットコースターみたい、立っていられない。早く判断しようとバナナ食べる。腹が減っては戦は出来ん。操舵室を見ると原田と立花さんが顔を引きつられながら操縦している。とっさに「中村、ラットを握れ」中村がラットを握った。ちょっと安心。こんな大きなうねりからサーフィンすれば船がひっくり返る恐れがあるので、その点、中村は昔からアテ舵取るのがうまかったので原田より少しは安定しとる。こんな時、立花さんはあかん。その立花さんが「会長はんどないしまんねん。このままやったら船ひっくり返りまっせ！」やかましい、今バナナ食べて考えてるんじゃ。相変わらず船はジェットコースター。頭の中、橋立港の船主の大きなお屋敷は、ロマンを語る豪壮な船主邸は、北前船の里資料館になっている。旧北前船主、酒谷長兵衛が建てた屋敷で江戸時代から明治時代にかけて六隻の船を所有し巨額の富を築き、敷地面積は約千坪で見学すれば巨万の富で築いた船主の豪勢な暮らしぶりが所々に見ることが出来ます。その前のうどん屋「ばん家」で食べたうどんはおいしかったなー、そこの大将、北前船の話どんどんしゃべっとったなー、おもしろい話もあった。その話いつかしゃべろう。バナナとうどんを思い出していたら、無事金沢港にＰＭ四時二十分頃着く。大きな港、どこにも行かず、酒飲んでめし食って寝る。寝入って夜中の十二時頃、外で誰かが大声でしゃべっている。その内に摩耶号をどんどんと叩く音に起きて「何でんねん」そのオッサン、ココわしらが船を留める所や、すまんがもう少し横に船を留めてくれへんか。ＯＫ。摩耶がその漁船が止める場所に摩耶が着岸したのでした。

康子からのメールで「康子どうしても社長さんに逢いたいので主人に酒田には、いつ頃着くの一度酒田に行きたいのでメールしました」康子がどうしても私に逢うために酒田に来たいと言う。酒田に来ても、康子の主人立花さん、それに中村と原田も居るので康子が来ても手を握ることも出来ないかも解らないのに康子は何をしに酒田に来るねんやろう。私の顔を見ただけでもやもやした気持ちや身がすっきりするのかな。私は康子が来ればチャンスがあれば抱きたいと思うが、それは無理や。康子が来ても康子も空しいと思うだけやのに。

どうりでキャビンでわいわいと酒を飲んでる時に立花さんが「会長（立花さんだけが船の中でも会長と呼ぶ）酒田にはいつ頃着く予定ですか」と聞きよった。風と波に聞いて。誰かの歌にある、わたしやとぶ鳥波に聞けあらよっと。予定は未定や。康子来てもいいけど今回の日本一周の基本は、全行程全員が摩耶号船内に寝ることに決めているので立花さんに皆船で寝るのに嫁はんきたらどないするねん。立花「そうでんな」。

康子の話、神社を継ぐために何回か見合をしたが誰も神主を引き受けて貰えず困っている時に主人立花と見合して、商社を辞めてまで神主になってもいいとの返事に、父も親戚も大喜びで私の気持ちをそっちのけで、あれよ々と言う間に結婚して、恋愛も愛も感じる間もなしに結婚、そして初夜もあっと言う間に済んで、これがあのセックス?これが夫婦の営みと何も知らずに十二年間過ごして、社長が成り余る物を、康子の成り合わな所に、成り余った物を入れてもらい。あの時は、何、これ、と思いびっくりしながら、だんだんに夢の世界に連れて行かれて夢が覚めても、体がぶる々と震えが止まらず、後で社長に聞いて解ったのですが、オシッコがぢわぢわと出ていて、これが私にとって愛の始まりでした。

そして何回か逢瀬を重ねていく内に、愛とはこれ?と愛を感じ社長を愛し始めたのです。社長お願い康子の命が有る限り康子を愛し続けて、康子を嫌いにならないでお願いしますと、涙ぼろぼろと泣かれて私に抱きつきながら興奮してぶる々震えていた。この時、少しでも康子の中をさわると、すぐセックスが始まることは知っていたのですが、一回目のセックスで疲れ果てていたので手は動かさず。この時私もう七十一才やしいつ迄康子の要求を受け入れられるか心配だ。

愛の終着駅はいつ頃くるのかな。いずれはくるに違いないけど。考えれば人生いろいろやなぁ。でも、康子は人妻やけど放したくない女性だ。康子と初めて古風な言い方でセックスをした後から康子の愛が始まったと言っているし、また何回か会ってセックスをしている内に康子は、これが愛と感じ恋は何のための恋で愛が何のための愛。例えば大阪を出港する三日前に康子を抱いた時、行かないでと涙を溜めて私を強く抱き締めたのも愛。その三日後に大阪を出港した日に康子からのメールで「早く帰って来て康子身も心も愛しています」のメール。これが恋？いろいろ人によって考えが違うと思いますが、私は愛も恋も男と女が抱き合ってセックスをすることの便利言葉と思っています。

ただ真知子の場合、出発当日の朝に、お義父さま、真知子を抱いて下さいと言われ、真知子を抱いている。その最中に生理が始まったが、私の顔を見て、お義父さま好きです。真知子お義父さまが好きですと、泣きながら、好き、好き、と言っていたのは恋。真知子が私に対する恋と康子の愛とは、少し違うかな。

「七月十四日」金沢をAM五時五五分に出る。石川県の海岸線は約五百八十四キロメートルである。晴。昨日は、皆少し飲み過ぎ。夜中に起こされて寝不足？うねり高し。今日は、午前七時頃、渚で有名なナギサドライブの千里浜を右に見ながら海から船でドライブを楽しみました。能登千里浜を過ぎれば直ぐ女性に人気のパワースポットで万葉集にも登場する能登

一の宮の氣多大社の森がかすかに見える。その万葉が

「志雄路からただ直越え来れば羽咋の
　海朝凪したり船梶もがも」

そして次に見えて来るのが日本最古の木造灯台（写真）がある福浦港。この福浦は、徳川幕府の天領地でこの福浦港から大阪に向け船で米を運んだ記録がある。天然の良港で、今でも写真にあるように北前船を係留した石の杭が残されている。福浦は、かつて福良津と呼ばれ、八～一〇世紀には中国大陸の渤海（ぼっかい）国と貿易し、また藩政時代には日本海航路を結ぶ北前船も寄港した良港でにぎわっていました。

それは当時福浦には芸者が二〇〇～三〇〇人も居たと言うことからも分かります。すぐ近くには、日本最古の木造灯台があり、昔ながらの漁港、風情が残る街なみは、映画のロケ地にも二〇一二年には映画「リトル・マエストラ」が撮られています。福浦灯台は、日和山と呼ば

北前船が出入りしていた頃の福浦港

れる断崖の上にある日本最古の木造灯台です。一六〇八（慶長十三）年、福浦の日野資信（すけのぶ）がこの地でかがり火をたき、夜の暗い海を航行する船を導いたことが「灯台」の始まりと言われています。灯台から見渡す海は絶景です。又、能登半島最先端の表示塔があります。灯台の位置は北緯三七度四分二九秒、東緯一三六度四三分一九秒である。北前船の寄港地として隆盛を極めた福良港。船員相手の船宿や遊郭も多かった頃、いずれは旅立つ船頭と別れを惜しむ遊女がいた。いよいよ出航というその時に船頭と別れを惜しむ遊女が、自分の腰巻をお地蔵様に当てたところ、たちまち海が荒れ狂い、出港出来なかったと言う伝えがあ

北前船を係留した杭

る。この遊女と船頭の悲恋を語る「腰巻地蔵」が港の西方約八〇〇メートル離れた、福良新港の脇に立っている。この地を訪れた詩人野口雨情も「能登の福浦の腰巻地蔵は、今朝も出船をまたとめた」の歌を残した石碑がある。（写真あり）

腰巻き地蔵

この福浦の直ぐ北におなじみの冬の風物詩、波の花が見られる巌門である。その北が栈貝岩で別名「能登＝見」で機織（はたおり）の神様が残した「夫婦岩」が見える。そして義経の舟隠しがあって、京都で紹介した泣き砂の琴引浜がここ石川県にもある。ＰＭ十二時二五分、輪島港着、大きな港。油一一〇ℓ七、九五〇円。早くに着いたので四人揃って朝市ならぬ夕市に行く。夕市は、あまり皆さんに知られていないと思うので、朝市はＡＭ八時より十二時迄、その後は朝市の道を少し北に行くと住吉神社が有り、その境内でＰＭ五時頃から夕市がひらかれる。特に地元の人のための市とか、小生も夕市でトマトを買う。

着岸した所で何人かの女性（オバチャン）がリヤカーに荷物を積んだり降ろしたりしている。地元の人に聞くと、朝市は三五〇メートルに渡りあり、干物やその他の商品を一生懸命集めていた。一二〇〇年の歴史があるそうで、女性は朝市で男を食わす程働くそうだ。見ても強そうな女性達。

この輪島も北前船で栄えた所である。「輪島市黒地区」である。輪島港少し手前にあり集落の成立は一六世紀前半と伝えられているが、江戸時代に入ると北前船の船主が現われ、海軍業の発展を背景に成長しそれぞれ北前船、船主の屋敷の町並が今でも残されていて見ることが出来る。能登半島は観光地だ。

午後五時半頃からいつものように夕市で買ってきた酒の肴でキャビンでまずカンパイから夕食が始まる。航海中は着いた港で洒落た店、居酒屋があればそこで酒を飲んで食事をしたり郷土料理があれば誰とはなしにその店で食べることがそこに、そこに市場があった。コンビニで食事当番が材料を買って摩耶号のキャビンで飲んだり食べたりする事が常になっている。昼は船が走りながらの食事のため一人か二人で食事を取ることになっているので、四人全員が揃って食べるのは基本的に夕食となる。

例えばある日の買い物日誌には次がある。

燃料二〇〇ℓ	一九、五八〇円
マリーナ代	六、〇〇〇円
食堂代金	九、八四七円
コンビニおにぎり	九二〇円
シャワー代四人	一、六〇〇円
ビール一二缶	一、七四〇円

買い物日誌には港で買い物をした時このような日誌をつける。

そこでわいわいと今日の景色であったり船の操縦であったりコースの取り方であったり、家族のこと、誰かのこと、又は女性のこともある。四日前の出雲の稲佐浜で神さんの話になったように。キャビンの中の話は、だいたいがお酒のを飲みながらの話になる。今夜も、朝市を見に行ったり夕市の話が出たあと、立花さんがさん五日前の伊根の料理屋の食事の時にそこの親父さんが、摩耶が港に入って来て船着場に着くまで見ていた親父さんが、あんた方が乗っている船は風格があると言ってましたが、会長さん、船に風格があると言うことはどう言うことですか。そうしたら中村が料理屋の親父エエとこ見とるわ、立花さん、この船、形も見た目も美しいわな、せやけどな、なんぼ船に風格があっても乗りてが行儀の悪い人であれば船がなんぼ良かってもアカン船になってしまう。

ヨットハーバーでもどこでも、小さなセーリングボートが無風に近い時に浮いたままでハーバーに向っている時に、大型の大型でなくてもモーターボートがこれ見よがしにスピードを出して大きな波を立てて走る人は風格が無いわな。その波で小さな船が今にもひっくり返りそうに揺れても知らん顔も困ったもんです。大海原の中で猛スピードはいいとして海の知識を少しでも知っている人は、ハーバー近くでは考えて欲しいですね

例えば外国車も含めて高級車が見た目風格のある車であっても、乗りてが所構わずその車を駐車したり、駐車場がいっぱいで止める所がない時に身体障害者の車でないのに身体障害者用の駐車場に平気で車を止める。これは乗り手が行儀が悪いので折角エエ高級車もこどもから見ても乗り手に知性と教養がなければ冷たい目で見られるように、乗り手の育ちも、物

言うわな。エヘーまた中村が、私の知り合いでもう死によったけどな成金は何をしても行儀が悪いと言うとった。そう言えば皆から、本当の旦那になるには商売でも何でもその家の経済が確立されて三代身上がつづいて初めて誰が見ても本当の旦那と言うわな。後の三人ふうーん。江戸っ子も地方から江戸に住みついて三代続いて住まな江戸っ子ではないとか。もちろん「すし」食いねェのただの江戸っ子ですが。

江戸っ子と言えば会長、関西のお笑いの芸人の中に、標準語と江戸弁の区別が出来ない笑い人達は罪深いですね。「何で」東京に進出した関西の芸人が、当時なか々標準語が喋れなかってサァ、仲間入り出来てサァとあほが江戸弁を標準語と勘違いして芸人同志だけの話ならまだ許せるがラジオ、テレビでだってサァ、どっこいサァとこれが標準語と小さいこどもまでが勘違いされかねないと思うと罪深いでっせぇ「そうやなあ」私も以前お笑い芸人が江戸弁を標準語と思っていた人が居ったなぁ困ったもんや。関西弁通しとる芸人は偉いなあ。

でも汚い関西弁はあかんなぁ。ある小学生が学校の女の先生に「くそばばあ」と言って注意されて誰がそんな汚い言葉言うてんのぉと母親が聞いた所テレビでお笑いさんが言って笑っているると聞いたとか。お笑い芸人は人を笑わすために汚い言葉をテレビの中で言うのも考えものだ。

日本は大和の国、日本国本来の言葉は、大和言葉である関西人は、芸人に限らず（関西も所によって発音がちがうが）大和言葉を堂々と喋るべきで広島を「しろしま」と発音する、又は、人を「しと」と言う人達のまねをする必要なし。堂々と日本古来の大和言葉（関西弁）を喋るべし。てェへんだ。てェへんだ。は大和から江戸に下ってなまった言葉にまったく「大変だ」。古事記によると日本の始まりは、兵庫県の淡路島。日本の言葉もここから始まっているいわゆる大和言葉である。おのころ神社があり、近くには天の浮橋があり又葦原の国もここからが日本の始まりである。写真がそれ。

「七月十五日」AM六時五分　輪島を出港。関係ないけど今日は小生の誕生日。出てすぐ防波堤を出ると波高し。風と波で、摩耶大揺れ。さっそく何処か避難する所探す。すぐ名船港を見つけ、八時三十分に入港。何処となく漁師が来て、お前はん等ようこの港に入ってきたなぁ、わし等でも毎回港に入るのこわいのに？そしてエンジン直ぐ切れ。何で。浅いのでエンジンに砂が入るぞう。見てみるとなんと七〇センチメートル位。摩耶の喫水すれすれだ。どこに繋げばいい。アッチの方、と指を指す。

そう言えば、港に入るのにあっちこっちに岩場があって入るのに難しかったはずや。摩耶移動するとそれでも一一〇センチメートル位。ヨットで入港していたらアウト、こわい港や。この航海日誌の冒頭、ヨットによる日本一周に挑戦と書いてありますが、今日本一周に乗り出した船はアメリカ製のタグ、ボートであります。モーターボートではありません。日頃ヨットと言えばマストがあって白い帆で風を受けて走る船を想像されますが、普通ヨットと言えば、何人も乗れる豪華船のことを言い、マストを立てて走るヨットの船体の長さは二〇メートル～五〇メートル位の船がヨットであると言われています。

皆さんが日頃、海とか湖で見られる又は高校や大学のヨット部の船は正式にはセーリングボートであります。私のヨットの第一号はマストを立てて帆でセーリングする船でありました。若い間は、ヨットレースに出たり、三日間走り続けのレースもありました。この場合の船の動力はすべて風であります。風の弱い日、又強い日、それに暴風に近い日もあり、常に体力が必要であります。年を重ねて、体力とレースに対する気力もだん々なくなって来たので、年寄り向きの船に買い換えてのタグボートであります。でもセーリングボート(今までのヨット)に比べると今乗っている摩耶号は、どちらかと言えば本来のヨット形式である。しかし、今までの長い間ヨットに親しんで来たので一般的に今でもヨット乗りであると船をヨットと呼んでいる。それでも正式的な時は摩耶と呼んでいます。

したがって名船港みたいに浅い港と知らずセーリングボート(ヨット)で避難して居ればヨットの底に横流れを防ぐために付けている鉄の重し(鉄板みたいな重さ五〇〇キログラムから一、〇〇〇キログラムのもの長さにしてアバウト一・五メートル～二メートル位のものが船の底にぶらさがっている)で海の底につかえて、ヨットが損傷するか、そこから動かなくなり、それこそ遭難することになるのでヨットで入港していたらアウトと言うことになります。でもいい事も。なんと名船港は、御陣乗太鼓は発祥地。あの坂本冬美の御陣乗太鼓です。港の道端には、写真にあるような大きなモニュメント。顔にはオニの面を付け、体には海藻らしき者を付け両手でバチで叩く姿は雄壮である。石川県輪島市名船町の名船に伝わる無形文化財の和太鼓の御陣乗太鼓は、天正四(一五七六)年に越後の上杉謙信は能登の名城であった七尾城を攻略して「霜は軍営に満ちて　秋気清し」とその余勢力をかつて奥能登平定に駒を進めた。この時名船村の人達は鍬や鎌で上杉に向かったがかなわず樹の皮で仮面を

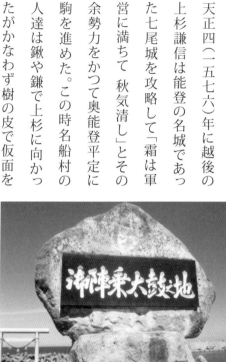

造り海藻で頭髪して、太鼓を打ち鳴らし上杉勢が何事と驚き退散し村を守ったとある。ラジオで関東地方は、梅雨が明けたみたい。日本海も早く梅雨から抜け出したいものだ。今夜は風も波もまだおさまらないので、ここ名船で一泊。

ＡＭ八時に真知子からのメール「お義父さま誕生日おめでとうございます。真知子お義父さまが大好きです。お元気ですか。楽しい船旅をしていますか。真知子のためにも元気で長生きしてくださいね。真知子生まれ変わってもまたお義父さまのこども産みたいです。真知子お義父さまを心から恋してます。大好きです」ありがとうと返信のメールする。この年になって恥ずかしいですが、私も真知子を心から恋しいです。今や私も真知子の居ない人生は考えられない位好きです。真知子ありがとう。

真知子の長男、信彦と長女の音子からもメール。おじいさん誕生日おめでとうのメール。実際は孫でなく実子だが本人達にはおじいさん。何だか複雑な気持ちですが、このことだけは、私も真知子もお墓のなかでも秘密のままにすることは約束してある。夕方キャビンでのデナー時に、摩耶のクルーから、キャプテン、七十二才の誕生日のお祝いを受ける。お酒を飲みながらの雑談が続く。そこへまた今度は原田が昨日の風格の話、昨日寝てから考えたんですが、ハーレーに乗って二〇台か三〇台が連なって規則正しく一定のスピードで走ってる姿を見ると堂々として風格がありますね。夜中に人の迷惑を考えずに大きな音を出して一台でも三台でもですが原チャリみたいな小さな単車でしかもわざと大きな音が出るように改装して走ってる連中は同じ単車でも風格がおまへんなぁー。そうやなぁ。あほちゃう、そんなこどもに育てらあかんわ。その子親、知っとるねんやろうか。

ＡＭ十時には康子からメールが入っていた。「会長さん誕生日おめでとうございます。社長さんを好きになって今日で九回目の誕生日です。主人からのメールで今回に摩耶に乗せてもらって社長さんは凄い人と言ってます。この航海でいろんなことに遭遇しても皆の命と安全のための判断を見ていると尊敬できる人やと誉めていました。べた誉めです。康子が社長さんを好きなるのは、あたりまえのことで大好きです。愛しています」ありがとうこれからも康子のためにがんばると返信のメールする。ところでこれからも康子のためにがんばる。家族でもないのに何をがんばるねんやろう。家族が幸せになるためにがんばるんは分かるけど、もう康子も私の心の中では、愛人ではなく家族になってるねんやろか。それなら立花さんは、何やねんやろう。康子といる時、セックスも含めて一緒にいる時が私の心は落ち着くし一番至福の時間であるのは、なんでやろう。康子もこの時が一番幸せな時間で私の胸の中でこのまま何時迄も一緒に居たいと言う。これは一体何なんやろう。

色々考えてみると次のように考えられる。それは康子が私の嫁でもなく、又、康子の夫でもなくいわば恋人同士の関係であるから、例えば康子と褥を共にするのは、いつも昼の時間である。それも二人で居る時間はせい々三時間か長くて四時間位でハイさようならとそれ々が夫を待つ嫁を待っている。家庭に帰った後、二人には逢った時間があり人生があるからにほかならない。二人が逢うのは月の内せい々二回か三回であり、お互いに責任を負うことなく、逢うたびに恋しくて新鮮であるから、二人が手のひらを合わすだけで嵐のような激情に引き込まれ、愛が始まるからだと思われる。そのため、二人が逢うための時間を作るためにがんばる?

名船港に避難して風と波おさまらず、一泊することになる。

「七月十六日」AM五時十五分。二十二時間余り居た名船港を出る、波高し。能登の千枚田、上時国、下寺国家の山並みを見ながら、曽々木海岸を右に見て、やがてシャク崎を見て、

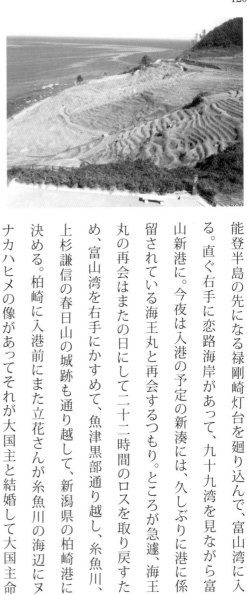

能登半島の先になる禄剛崎灯台を廻り込んで、富山湾に入る。直ぐ右手に恋路海岸があって、九十九湾を見ながら富山新港に。今夜は入港の予定の新湊には、久しぶりに港に係留されている海王丸と再会するつもり。ところが急遽、海王丸の再会はまたの日にして二十二時間のロスを取り戻すため、富山湾を右手にかすめて、魚津黒部通り越し、糸魚川、上杉謙信の春日山の城跡も通り越して、新潟県の柏崎港に決める。柏崎に入港前にまた立花さんが糸魚川の海辺にヌナカハヒメの像があってそれが大国主と結婚して大国主命の子タケミナカタの母がヌナカハヒメで新潟糸魚川の奴奈川神社で翡翠の原産地。翡翠は勾玉（まがたま）の原材料。(大国主命は、その翡翠が欲しいのでヌナカハヒメと政略結婚を考えて、結婚を申し込んでタケミナカタを産んだが)ヌナカハヒメは、地元の神と大国主命との飛び比べ大国主神が勝利し、結婚するがタケミナカタを生んだ後、大国主を嫌い自らの命を絶つ、の伝承がある。大国主命は悪いやつやな。自分自身の欲のために愛のない結婚はあかんでぇ。

ひと事ではなく私も妻の京子との結婚は通りすがりのまったく愛の無い結婚でした。通りすがりの結婚をする羽目になり、結婚をしてみると、性格もあまり良くなく、それに感性がまったく無くて、例えば人様から花を貰っても、ありがとうきれいな花々ねとそれでもう花のことは終わりで、水を差すことも無く、その花を見ることもない。すこぶるぶっきらぼうで取り付く島もない性格、そして、人を気づかうこともなく、他人を傷つけることも平気の平左である。それに向学心がないということはないけど、知性も教養もない、そして感性がない人です。またトイレに行った時も手を洗いません。ある夕暮れ時に、トイレから出てきたので「手位洗えや」これからお米研ぐから、手を洗ったも同じやと始末の悪い女です。

結婚する前に京子が経営する居酒屋へ飲みに行ってる時は、トイレに行っても手を洗わない、その中でお酒を注いでもらいありがとうと礼を言って飲んで、友人と「エエ店やなぁー」とは「あほみたい」。

ＧＰＳには佐渡島が写っている。右手には、信越本線の電車が時々見えるようになる。それにしても、大阪を出てから今日で何日になる。十七日間も海を走っていてイルカもクジラも一頭もお目に掛かっていないなんてめずらしい。乗員の誰かのせいか?その代わり蜃気楼がみえるかも。摩耶号の船内で走りながらワッチ当番の原田と立花さんが昨日の先生（フランス語）の続きの話をしている。紳士たる者電車の中ではたとえ本人が疲れて座っていても年寄り、こども、おなごが居れば必ず席を譲るべしやったなぁー先生の話を聞いて学生等ほんまや選ばれて最高学府で学んでいるのでうわべだけの紳士ではなく本当の紳士たろうと思って結婚して家庭を持った今も、家庭教育でそれを実行してるとか。そしたら中村が紳士の話で思い出した。高校時代の友人とゴルフに行った時コースの廻っている時に昼食の時少しビールを飲み過ぎて、林の中へオシッコをするために入ったらその友人達が「ゴルフは紳士のスポーツ、スポーツやそんな所でオシッコしたらあかんがなぁー」こいつらゴルフだけが紳士のスポーツと思っとる。大学の体育の時間に先生（大学はおよそ教授ですが）がどんなスポーツでも紳士たれと教えられていたので、友人達にお前等ゴルフする時だけの紳士か、飲みに行ったら夜所構わずションベンするくせに。そこでコンペの後でゴルフはなんで紳士のスポーツと言われるか知ってるか？今迄スポーツらしいスポーツをしなかった連中が会社などの付き合いとか、少しお金と時間が出来たのでゴルフでもするかとゴルフを始めるがスポーツはすべて紳士たるものと自覚している者はいいが、そうでない者がいきなりゴルフするので中には行儀の悪いゴルフマンが居てスポーツするもの紳士でルールを守る紳士がする物と言うとをいい年こいた大人に言うと、何をぬかしやがんねん。どつかれるか知れんのでせめてゴルフは紳士のスポーツでっせと角を立てずにやんわりと教育したことにつきる。諸君、ゴルフだけが紳士と違いまっせ。日頃から紳士たるべきでっせェーと例え話が出ていた。

柏崎マリーナ新潟県にPM四時四十分に着く。直ぐ給油、二〇〇ℓ二〇、八〇〇〇円。給水もする。実はPM五時までに入港できなかったら給油はできません、と電話で話をしていたので時間との戦いで二十分でセーフ。タクシーを呼んですぐ温泉。柏崎潮風温泉（ソルト・スパ潮風タイトル）海、夕日佐渡が望める温泉です。柏崎潮風温泉で佐渡の島影と夕日を眺めながらゆったりが売りの温泉。タクシーの運転手さん、走りながら「ここが蓮池さんが拉致された場所ですわ」「この公園ですか」辺りは真っ暗。「今でもそのままですか」「そうです」「そらあかんわ」こんな真っ暗な中、そら拉致されるわ。温泉は塩分が五〇パーセント、身が浮いてしまう。突然ですが、温泉に浸りながら思い出した、輪島千枚田、昔四、〇〇〇枚あったけど、今は一〇四枚で四軒の農家がささえているとか。

「七月十七日」ＰＭ五時五十七分　柏崎ヨットハーバーを出る、柏崎マリーナは、給水給油修理可能で船保管能力は一、五一隻（陸上）五七隻海上で四五隻（ラック）です。新潟県の海岸線は約五八四キロメートルで、富山を素通りしたので富山県の海岸線は約一四七キロメートルです。晴、波静か。今日は朝鮮半島の韓国との休線ラインのあの北緯三八度線が佐渡島を西から東へ通り抜け日本海の新潟県庁あたりを抜けて宮城県を通って太平に出てる三八度線を摩耶号と一緒に横切ることになる。写真がそれ。ちなみに新潟県庁の中央区新光町四丁目一番知事部局が北緯三八度四四分八・七秒である。津軽海峡を通り太平洋を南下するから二度目の三八度線越えになる。太平洋側の三八度線は、仙台国際空港の南岩沼市と亘理町との間である。昨日の天気予報では、くもり後大雨とあったが?蓮池さんの話が昨夜寝る前にキャビンで話があったので、今夜は摩耶のドアを暑いのでいつも少し開けて寝ているが拉致されたらあかんので、ドアというドアみんな締め切って寝る。誰かが船ごとひっぱられたら

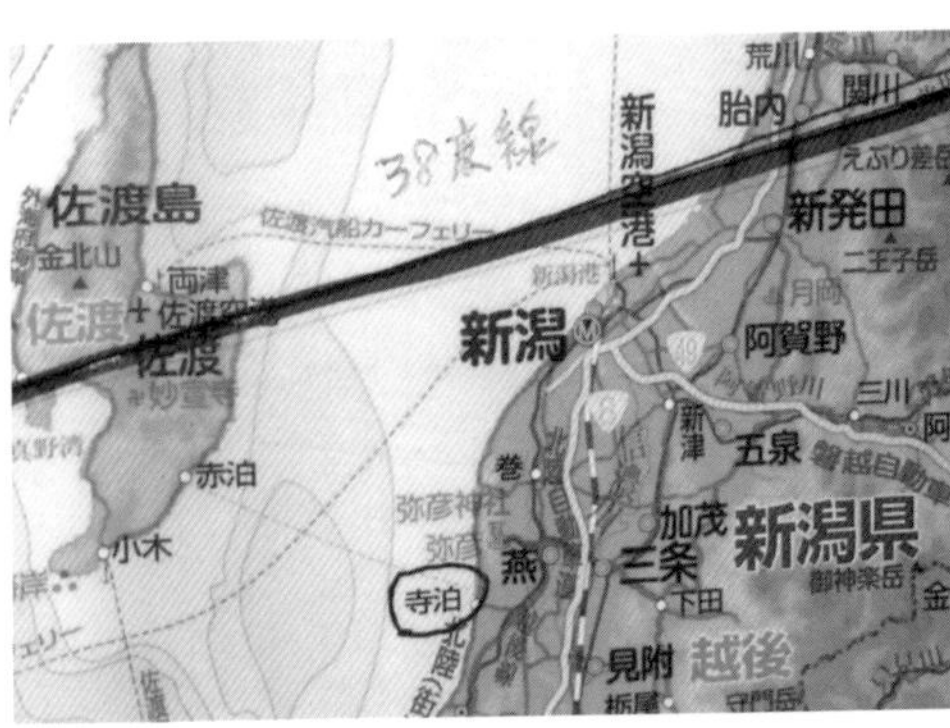

どないしまんねん。皆んな、それはそうやぁと思いながら寝てしまう。

天気予報といえば、天気予報士ぐらい気楽な商売ないなぁー。あの予報士らは予報が当たらなかってても謝ることも知らん。例えば今度の日曜は雨が降るから行楽に行くなら土曜が良いし、日曜日に行きたいが雨か。と行事を日延ばしたら、日曜日には良い天気であったり、予報がはずれても知らん顔や。気楽商売でっせと原田。そしたら立花さんが先輩予報は予報でっせ。天気予報が当たる当らないは別にして、今頃の日常生活にまで入り込んで来た。真に便利な世の中になったものである。今日午後遅くなる人は、雨が降りますので折り畳みの傘があると良いでしょう。今日は寒くなるので軽い上着が一枚あるといいでしょう。又、暑くなるので熱中症に気を付けてくださいとテレビ・ラジオで何気なしに耳に入ってくる。雨に濡れることもないし、風を引くこともなく、熱中症にかかることもない天気予報を聞いとけば快適な生活を送ることが出来る。天気は当たらないかも知れないが、日常の生活においてはありがたい世の中になったもんだ。風邪を引く間もない。

でも天気予報のアナウンサー（天気予報士ではない）で、特にラジオのアナウンサーで時間内で発表するの下手なアナウンサーが居るな。下手なアナウンサーでも上手に発表するアナウンサーでも給料は一緒かな。時間内に上手なアナウンサーは言うべきことはみな言えるけど下手なアナウンサーはあかん。風の方向、晴れくもり気温、降雨の確立。波の高さ、これらみなよう言わんアナウンサーはテレビの方に行けばいい。テレビは目で見えるからようしゃべれないアナウンサーでいいから、ラジオは耳で聞くだけやから全部発表できへんアナウンサーは訓練し直さなあかん恥じるべきや。上手な人は聞いてて気持ちがいいわ。

出港して直ぐ、良寛和尚の良寛堂がある、良寛和尚というと村のこどもたちとかくれんぼうをしたり手鞠をして遊ぶ、素朴で優しい姿を連想するが実際は、曹洞宗の托鉢僧で師の大忍国仙や高祖道元の教えを守り、生涯妻を構（かま）えず、妻子をもたず物質的にも無一物に徹して、清貧の思想を貫いた人で小さい時に良寛和尚の絵本を見たことを思い出す。その良寛堂の先に北前船寄港地「寺泊」がある。ここの北前船は、寛文十二（一六七二）年に河村瑞賢が開発した西廻りの航路を運行した。その航行の当初は陸上の山や岬を見て船の位置や進むべき方向を決めての航海であって昼のみの航海があたりまえであったが、やがて船の大型化や航海術の発展によって、夜間航行や陸地が見えない沖合を航行する「沖乗り」も多様するようになった。河村瑞賢が開発した当初、出羽酒田（山形県）から大阪経由で江戸迄およそ三ヶ月かかっていたが一九世紀頃になると早ければ三十日台で航行するようになった。それは磁石の出現により日本海の沖乗りが出来るようになり越前敦賀から北海道松前まであるいは松前から下関まで直行で六日半程度で航行されるようになった。

北前船は一航海で一、〇〇〇両の儲けがあり二航海すると、最初の仕入れも含めて減価償却し、三航海からは大きな儲けであった。したがって北前船の寄港地には、立派な船主の館が今も多く見られます。柏崎の原子力発電所を見ながら、松本さんとのドッキングする酒田港を目指す。少々距離が長いので、スピードアップで行く。遅くなっても判るようにして待ってます、とのことなので、AM八時四十分頃前方にうっすら佐渡島が見える。今日の昼は、一昨日名船港で農家のオバサンがジャガイモ、キュウリ、ピーマン等何回かに分けてわざわざ運んで船に持ってきてくれる。

始めに、こんな新鮮な野菜初めてや、と少々誉めたら、これもこれもと持ってきてくれた。ゴッツアン。ジャガイモの用意をしてたら、松本さんから電話で着いたら何処か夜食に行きませんか。OK。めし当番の立花さん喜ぶ、ラッキー。左舷には粟島（岩船郡粟島浦村）が見えて右舷には、海に突き出た数々の奇岩と白浜の名勝「笹川の流れ」が見える。笹川の流れは一一キロメートルも続く海岸線で国の名勝および天然記念物に指定されている。ＰＭ五時三十分山形県酒田着。酒田港はあの「おしん」が生まれ故郷を出る時、筏に乗って下った川がこの最上川でその川口の少し北に、酒田共同火力発電所のエントツが目印である。最上川は、奥の細道のお馴染みの松尾芭蕉が酒田で雨の降ったあと、船で最上川に行った時の俳句が「五月雨を集めて早し最上川」で、この俳句が有名で最上川も全国に知られるようになる。

日本海にしては大きな港だ。先着の松本夫妻が摩耶を誘導してくれる。船がギッシリ。そのすきまに摩耶入れる。給油、一五〇ℓ、九、七五〇円（一ℓ六五円）ＰＭ六時頃夕食のため街に出かける。スパガーデンの温泉で疲れを癒して、ロビーで長男幸雄が大間に行ったら大間のマグロ送って、と電話で私が大きな声で話をしていたら「おめえら、大間の漁師サエー」と話に来たあるオバサンが「地方誌」の編集長（あとでわかる）。漁師ちゃうねん、ヨット乗りやねん、と原田。そのオバサン大間の話しとるし、色が黒いから漁師やと思った。原田が何処か飯喰うとこおまへんか。と聞くと近くにありました。編集長、居酒屋「七ツ半」そこにあるから電話しといたるわ。アリガタイ。直ぐ行く。酒田の極上料理屋で皆んな大満足。そこのおかみも美人でおもてなしが上手なので、もう二度と来ることないのにまた来るわ言って話をしているとさっきの編集長がわがもの顔で入ってきて、どや美味かったやろう、おいしかったと返事すると、おかみにちゃんとしてくれたかと高飛車に。そこの店の人の話では、酒田でちょっとした有名人、名は景子さんで居酒屋の雑誌の発行している。チョットした街のレイアウトも心掛けているとか。明日はその景子女史の案内で酒田を観光することに。

ＰＭ三時頃真知子からのメールで、お義父さま、真知子の生理終わって今日から排卵日です。主人幸雄さんと結婚する前にお義父さまが長男幸雄さんを何の疑いもなく血の繋がった実の子として九才迄育てて来た幸雄さんがお義母さまに騙され、友人の裏切りが解り実の子でないと知りながら赤ちゃんから今迄育てて来て人一倍の愛情を注いできたのに今更長男にお前はわしの本当のこどもではないと言えないし、これからも石田家の長男としてこのまま石田家を継いでもらうが石田家の血筋が絶えてしまうのが悲しいと言われました。そのお義父さまの優しい心と人間愛に真知子は感動して泣きながら真知子がお義父さまのこども産むことを決心をして、お義父さまにしがみついて何回も真知子にお義父さまのこどもを産まして下さいとお願いして二人で話して産むことになりました。それからお義父さまと真知子は、お義父さまのこどもを産むために生理のこと幸雄さんのこども産ませないようにどうすればいいと真知子排卵日のこと、幸雄さんには、生理との間を調べてピルのこと等研究してそれを実行して生まれた信彦がＤＮＡでお義父さまの実子と実証され長女の音子もお義父さまと真知子のこどもであると実証されました。ふたりのこどもは、私達二人にとって、とても可愛いこども達です。お義父さま、今日か明日が真知子の排卵日です。真知子まだお義父さまのこども産むこと出来ますけど。大好きです。早く帰って来て下さい。うーん。でもなぁ。真知子といままで通りに男としての営みが（年齢）続けられるかなぁ。この航海で何か違和感を感じてそれが何かとは頭の中にふぁーと浮んではいるが、それをはっきりとさせるのに躊躇している。そして逃げているかも。それは真知子に対しても康子に対してもだ。時々私ももう年だと思うことがある。

そんな晩、キャビンの中で酒を飲みながら原田がキャプテン、男はいつまであれ（セックス）出来まんねん。そんなこと知るかい。すると中村が以前現役のサラリーマンの時に、会長もご存知のＳ社の社長をゴルフに招待したその夜の料理屋で、その話が出ましてＳ社長が得意に話をしていたのを思い出しました。Ｓ社長によると八十四才位迄出来るそうです。すると立花さんが、私は六十五才やけど、もうその気になれへんのに八十四才で出来るのは化け物でっせ。それとも特異体質に違いまっか。八十四才で何をするのでっか。と立花さん。それはまあ人それぞれやと思うが、そのS社長の話では、相手をする女性は六十才位迄やなあ。女は死ぬ迄穴がある間は出来ると云うが、誰かが「そう言いまんな！」S社長の話では八十四才にもなると、その時の女の手助けがいるそうです。そうやろうな。それで女の手助けで始めても昔の若い時のように、ああーと言うことは無くて、まあこんなもんやぁで終わるそうです。もちろん紙もいらないそうです。何も出ないということ？そうらしいです。ふーん。それでも又したいと言う気持ちにはなるそうです。女の方はええ迷惑やなぁー。我々にも遠からずいずれはそうなんねんやろうなぁー。私は小さな声で、女が目の前に居なければそれはそれで済みそうや。これって悲しいこと？康子も真知子もメールでは早く帰って抱きたいと言っているが私の体が何の支障もない年齢のせい。顔を見たら出来るのかなぁ。心配だ。若い時が懐かしい。夢精も何も出ない。台湾の話を思い出した。何処か読んだ記憶がある。ハイテク工業団地で有名な台湾の新竹市で最近、ある騒動が起きた。八十二才の女性が警察官とともに旅館に踏み込んだところ、九十才になる女性の夫がパンツ一枚の姿で見知らぬ八十才の女性と同じ部屋にいたところが見つかった。夫は「この年になって何が出来ると言うのか」と反論。しかし踏み込んだ妻は「あなたの行動を怪しく思い、興信所に頼んで調べた結果がこれよ」といったという。年齢に関係なく情熱を持ち続ける姿もあっぱれだが「夫の不倫」の現場を押さえた八十二才の妻の執念にもあっぱれだ。台湾の年配の方々のパワーを象徴する出来事。ちなみに台湾では今でも姦通罪が存在している。戦前の日本にもあった男尊女卑の罪状だ。

「七月十八日」雨。AM十時頃、景子女史来る。レンタカーを借りての市内観光。その前に景子氏が持ってきた本を読む。「よぐきたのー」心と心を結ぶ「おもてなしの講座」を読む。えらいオバハンやー。観光先は、一般人では行けない所ばっかり。酒井家個人の図書館、酒井家の特別図書館、その他五か所。この夜は、景子氏の紹介で一緒に「シャレタレストラン」でディナー。もう一人。酒田港で同じ所に留めている二八フィート(船名はレモン)のオーナーの川村氏も同行、総勢八人。川村さんは、六十五才からヨットを始め今は八十二才。どこかの電器会社の元役員とか。シングルハンドでヨットライフを楽しみながら船旅しているらしい。

酒田は、日本海に面した日本有数の米どころとして知られる山形県酒田市である。江戸時代に、天下の台所、大阪など各地と結ぶ「北前船」交易で栄えた場所。市中心部の川沿いに白壁の建物群がたたずむ。明治二十六年に米の保存、集積のために建造された「山居倉庫」だ。土蔵造りの一二棟は、陶業倉庫として現役で使用されている。そのうち一棟は、庄内米歴史資料館になっており米作りの歩みを学ぶことができる。酒田がある庄内平野で本格的な米作りが始まったのは、約四〇〇年前。酒田から山口下関を通って瀬戸内海かた大阪を経由して江戸に向かう西廻り航路で収穫した米が運ばれた。庄内平野は、東京ドーム約八、五〇〇個もある。酒田は米だけでなく、日本海の新鮮な海の幸やナシ、カキといった果物など美食の宝庫である。人口は一〇万人又「日本一の大地主」と称された豪商、本間旧本邸や主要文化財などを所蔵する「本間美術館」のほか、写真家土門拳の作品を展示する「土門拳記念館」などがある。

港としての酒田は、元来最上川河口に達した河口港であるが、河流の影響が大きかったので河口を分離して現在の形となり、北港地区及び本港地区に分かれている。酒田市は、背後に庄内平野を控え、古くから米の集散地として栄えた。近年外国伐木の取扱量も激増しました。臨海工業地帯として発展しつつある港です。

「七月十九日」朝から大雨。その上風も強く出港出来ず。AM十時に康子からメール。康子酒田に行けず悲しい。主人からのメールで会長の許可が降りずアカンわ。と主人。会長お前のとのこと嫌いと違うか康子のこと酒田に来たいと言うてますねんと言っても、知らん顔してたで主人の言うように本当に嫌いになったのですか。康子の命は、社長だけのものです。康子を嫌いにならないで下さい。今すぐにでも何もかも捨てて社長の胸の中に飛び込みたいです。愛しています。返事下さい。「返事は明日にしよう」摩耶号のもやい強化する。

ＰＭ一時船内で昼食を取る。景子氏が来て村上温泉に行くことになる。その帰り昨日行けなかった酒田の観光をする。村上では写真にあるようにサケ屋敷に行く。テレビでお馴染みのそこのオッサン、長々とサケの話、それにしてもビックリする位天井から吊り下げられた「サケ」の数（写真）。ビックリコイタ。もちろん景子女史の案内で、摩耶の乗組員みな何本かの「サケ」を買って家に送る。

観光は、国指定史跡の旧鐙屋（きゅうあぶみや）で酒田を代表する廻船問屋で江戸時代を通じて繁栄し、日本海開運に大きな役割を果し表三〇間、裏口六五間の大きな屋敷でした。次に酒田で観光と言えばやはり「海向寺」の即身仏（ミイラ）でしょう。地下深さ三メートル余りの穴の中の石室で木の実（くるみその他）だけ少量食べて体の水分、脂肪分を落としながらお経を読み続け、その声が聞こえなくなってから三年余りで堀り、ミイラになったそのお姿でおまつりしてある佛様です。即身仏は「海向寺」第一代目住職「忠海上人」でもう一つの即身仏は「海向寺」第九代目住職の「円明海上人」です。写真のように二つ並んでおまつりしてあります。

それと酒田市で生まれた写真家で写真界の巨匠と呼ばれた「土門拳」の土門拳記念館も見学する。写真家土門拳は、一九四三年に第一回アルス写真文化省を受けたのをはじめ一九七三年に紫綬褒章、一九八〇年に勲四等旭日小綬章と数多くの受賞を受け酒田名誉市民第一号と写真家として珍しい功績を残した写真家である。

「七月二十日」雨と風、波のため三日間滞在を余儀なくされた酒田を松本夫妻に見送られて五時二十五分出港。山形県の海岸線は約一二四・二キロメートルです。その前に給水。七月二十日梅雨まだあけず、出港してすぐ雨、気温二四度。「どうなってんねん」ここで夏の日本海と日本海海流について。まず日本海の潮の満干は太平洋と比べて小さくだいたい五〇センチメートル位であり(太平洋は三メートル～四五メートルの干満がある)波も夏場は太平洋よりも小さくして航海しやすい。潮の速度と〇・五メートル～一・五メートルで太平洋みたいに潮に押し流されることはない。ＡＭ八時三十分、波三メートル、うねりの波長四〇メートル。摩耶、右、左に揺れに揺れて船内お祭り(波のために船内の物が落ちたりして足の踏み場もない状態)状態。出港してすぐ右舷、二時の方向に(ここで船の進行方向のみかたについて、船が前に進むことは常に船首が前である。時計は十二時が一番上にあることで必然的に時計を合わせると船の船首は十二時になるに従って船進行方向は十二時になるので十二時の方向真後ろの船尾は六時の方向。右舷の真横は三時の方向で左舷の真横は九時の方向である。進行方向に時計の十二時と合わせるから右斜め前方は一時又は二時の方向になる。左斜めも同様である。見張りをしている時に左斜め後ろから船が来たら八時方向から又は七時の方向から操舵手に、八時の方向から船、と言えば操舵手は左斜め後ろから船が来ていることを理解し、船の衝突の危険を避けることが出来るのである)従って出港して二時の方向と言えば、右斜め前になる。二時の方向に雄大な島海山(二、二三六メートル)山形県と秋田県の県境にそびえる省内のシンボルで、東北第二の高峰であってその美しさから「出羽富士」の名で親しまれている。高山植物など、美しい自然に恵まれた山。その雄大な島海山が雨と曇りで何も見えず皆残念がる。

ところで山形県にはもう一つの島海山があることはあまり知られていない。もう一つの島海山(五三一メートル)は東村山郡山辺町にありその場所は山形自動車道と東北自動車道が交わる「山形JET」の北川に見えると言っても五三一メートルのですが、どちらかと言えば山形市に近い所にもう一つの島海山が有ります。AM九時四十分頃、松本さんからの電話がある。AM四十分酒田を出港したが、波と風が強いので目的の秋田迄行かずに本庄に入港しようと考えている、とのこと。松本さんのヨットも、波と風で思うように進まず行き先を変更を余儀なくされているみたい。海面は、昨日からの雨で、最上川が増水して、ごみと流木だらけで船の操舵が難しい。

AM九時二十分造船会社に電話する。社長が出たので「オートパイロット早く着けてもらわんと困るヤンケ。いつ品物が入るねん」と催促する。朝出港前の天気予報では、九時過ぎには、嵐も治まり波も二メートル位になるはずなのに四メートル位か。ＡＭ十一時十分、男鹿半島の入道崎が見えて来た。入道崎灯台は、日本の灯台五〇選にも数えられる、白と黒のボーダーが特徴の灯台である。入道崎は北緯四〇度である。太平洋に出て又四〇度を北から南へ越えることになる。右舷に見えるのは秋田市か。この頃から海の色がうす緑になり、うねりも益々大きくなって来たけど、次の目的地の能代港には

ＰＭ三時頃に着けそうだ。

それにしても流木やゴミ、浮いたロープ類も多く、走航に注意が必要だ。そんな中、男鹿半島の雄大な姿は美しいかぎりだ。男鹿半島は七千年前は島だったとか。と、その時、船内は一瞬煙だらけ、何、なに、今度は間違いなく火災だ！火元は？煙の中、エンジンカバーを外す。「オイ」エンジンを止め！窓という窓を開ける。浮いた浮いたで原因を探す。エンジンの温度計は！針いっぱい二〇〇度を指している。エンジンルームの中、水だらけ、沈むヤンケ！三人はうろうろ

するだけ。私、じっくりエンジンルームを見渡す。細いパイプから、水が噴き出ている。そのパイプを船の吃水より持ち上げると水が止まった。どないしよう。エンジンの事なんか誰も知らん、で船長考えた。今度はバナナなし。たぶんこのパイプがエンジンを冷やす海水パイプやろう。チャートを見て一番近い港を探し入港するが小さな港で人影見あたらず誰も居ない様子。うろ々していると一人居った。「オッチャン、この港でエンジン直すとこありますか」「ここにはない。アッチの北浦港なら修理屋はある」「何処でっか」アッチと指を差す。「どれ位の距離でっか」「約五マイルやなー」……ここで読者のために、船のキョリ（マイル）速度（ノット）について話をしましょう。速度のノットは英語で「結び目」のことで、かつて船の速度を測るのに等間隔に結んだ「ひも」の結び目を砂時計が終わるまでに結び目を幾つ数えたか（進んだか）というのが起源です。人や物を運ぶのに昔は、船を利用されていました。帆掛舟の時代ですから船の速さと風とは同じということです（現在のヨットは風より早く走ります）風の単位もノットで表現したのです。そこでノットを一時間に一マイル進む速さにしました。一マイルは一、八五二メートルですので自足でいえば約一・八キロです。マイルを漢字で書くと（海里）〈うみのマイルと読む〉現在はこの海マイルを経度一度の六十分（一分の長さ＝一、八五二

メートル）にして地図、海図が作製されています。ちなみに飛行機は海のマイルを使っていま
す。私がヨットを乗り始めた時代は、今のヨットのように速度計、風力計そして深度計などな
くて速度を測るのに、一マイル一、八五二メートルを時間で割りその割合の長さのロープを船
の後から流して時間を測ってその船のスピードを割り出したものでした。

ほんまは秋田弁で解りずらくてしょうがない。もやいを外して、微速で船を走らす。北浦港
は、入道崎の南東方向一〇キロメートルにあり、同崎付近一帯は好漁場であるとともに海の
難所として知られており漁船の大型化、外来船の増加に対応すべく避難港にもなっている。

そこそこ大きな港で、時前に漁業組合に。エンジン故障したのでと電話してあったので何人
かの漁師が摩耶を見ていたので何処に船を着けたらよろしおまっか。べたべたの関西弁。指さ
す所にぴったり船を着ける。その前に造船会社（摩耶はアメリカ製、K造船から買う）に電話
してあったので男鹿半島の北浦港に船を着けた報告をする。返事があいまいで造船会社の社
長信用できへんので、とりあえず港の修理屋さんに来てもらう。修理屋さん曰く、「そのパイ
プ上にあげて固定したのが正解や。とりあえずパイプ止めとくわ」これで沈むことなくなる。
オッチャン治る?·さあこのエンジンは扱ってないし、明日もう一回見に来るわ．こうなったら造

船会社に責任取らさな。社長に電話して、「お前とこ、この船どうすんねん。直ぐ返事出来へんてぇ何をぬかしとんねん」ケンカ腰で言葉も荒々しい。「ふっと」頭を掠めたのは、日本一周もこれまでか！この晩、漁師二人が船の中を見に来る。船の中、電子レンジ、冷蔵庫、トイレ、電気キッチン、発電機、お湯の出るシャワー室、操舵室には、ＧＰＳ、オートパイロット、魚探知機、深度計、テレビ、ＣＤ、ラジオ、何よりは、冷暖房等見て、へェーこのアメリカの船の値段は？「まあそこそこ」？·それから燃料タンクは、と専門的な船の話を少し。日本一周の話をすると、お前はんらは本当の海の男や、わしら海の男言っても、ここの（北浦）海しか知らんので、日本中の海をこんな小さな船で渡り歩くお前はん等こそ本当の海の男や、尊敬するわぁー。

ほんで七つの海も行くんけ。それはない。オッチャン七つの海知ってるか。「知らん」お前はんら知っとるけぇ。「知ってる」ほんだら教えてくれや。オーイ今から七つの海教えてもらうから皆来いや、と漁師仲間に声を掛ける。五～六人集まる。エェー今直ぐに言えるかなぁー。「えぇーそれでは」順番はばらばらでっせ。一般的には、七つの海は、南太平洋、北太平洋、南大西洋、北大西洋、南極海、北極海、そしてインド洋ですわ。へぇーえらいもんやのぉー。ちょっと書くからもう一回言うてくれや。もう一回言う。ほんでお前はんは、何処の海に行ったことあるん。せやなぁー。北極、南太平洋、北太平洋と南大西洋やなぁ。へぇーやっぱりお前ら本当の海の男や！

ありがとうございます。それとバルト海にも行きました。それは岩谷時子の海その愛で。海に抱かれて男ならば……もえる夢を持とう……。星をよみながら波の上を行こうや。暫く居ることになるので、食堂は、風呂は、買い物は、と教えてくれる。風呂屋はないけど温泉はあるので朝に漁を終えたら車で連れたるわ！お願いします。ここは男鹿半島。「なまはげ」や！明日の午後、温泉に連れてもらう。男鹿温泉やぁ。さっそくなまはげや！昨日船に来た二人が船の話を仲間にしたのか、明るいうちに来るわ来るわ。述べ二〇人位、その都度船の中の説明。その度にビール、ウイスキーを飲ますので、その代わり、「ウニ」「マグロ」「サザエ」、わしの取った「アワビ」などこの海で取れる「黒海苔」などを持って来るわ来るわ。競争して持ってくる。私は船のことであっちこっちに電話し忙しいが、後の三人はウニを捌いたり冷凍したり、始末に忙しい。皆んな親切な漁師ばかり。船の底を見るために潜ったりして、スクリューにロープが巻き付いているのを発見してロープを取ってくれる。漁師曰く、このロープはたぶん北朝鮮の物。誰かが漁業を妨害するためにロープやその他いっぱい海にほりよんねんとか。「ほんまかいなぁ！」造船会社社長から電話で、明日秋田ヨットハーバーからボルボの修理に来ることになった。夜、また漁師らが何人かお土産を持って来る。この辺の海のことや色々聞くことができて、だいぶ仲良くなる。

このままエンジンが修理が出来なくて永い係留になると毎晩の宴会がいつまでつづくやら、心配だ。話は変わるが、この沖でトラブル発生時、船長として三つのことが頭に浮かんだ。一つは二〇マイル崎にある秋田マリーナに行くか。二つは、四ノットで三〇マイル先の予定通りの能代に時間を掛けていくか。三つ目は、一番近い男鹿半島の港をさがしていくか、判断に迷った。この付近の海の深さは二四〇メートルから三二〇メートル。関係ないか。今から考えれば二〇マイル先のマリーナに行くことも四ノットで三〇マイル先に行くことは不可能であった。エンジンが焼き付いて動かなくなる所でした。

康子から昨日に来たメールの返信をしよう。私が康子を嫌いになる理由は何もありません。いつも頭の中は康子のことばかり考えているのに。今日は、康子がトイレに何回行ったやろか、四六時中康子のことばかりです。今は航海中で毎日海を見ていますが、私が康子に対する愛は海より深い愛です。それから何も捨てないで下さい。今のままの康子が好きです。酒田に来ても、酒田で会えるか、波と風で寄港する予定は、定かではありません。今回はたまたま々に雨、風で酒田に三泊することになりましたが、大月みやこの演歌のかよい妻のように、今日は小樽と来てみれば今日は小樽に寄らず佐渡へ行く。という具合です。それに今康子の顔をみれば爆発してしまいます。康子好きやで。私の命がある限り、康子を愛し続けるからな。と返信する。

以前康子には女性としての情緒があり少し小柄ですが話をしましたが、政治、経済とそつなく知識も豊富でその上賢く私にとっては掛けがえのない人でその上素晴らしい女性で彼女が私に対する愛よりも私が彼女に愛する気持ちは数百倍も康子を愛しています。私には裏切られたとは言え、妻も居て、真知子も居て、康子といますが京子とはもう昔に接触はありませんが二人の女性を心から愛せる私の気持ちは後ほど説明しますが今はまだその時ではありません。

「七月二十一日」起床ＡＭ六時。三人はまだ夢の中のようだ。朝から引っ切り無しの摩耶の見学者。彼らにはここ北浦の田舎に何もないことに突然大阪から摩耶が来て、恰好いい船でお酒が飲めて。港中の話題になっているらしい。こちらも漁師の溜りに行き、しゃがみ込んで、話の仲間入りをする。これ食えや、これ食えやと相変わらず差し入れがある。朝からサザエで一杯。アワビで一杯。マグロで一杯。船が故障してこの先どうなるか解らないのに、お酒とアテで天国みたい。それでまた乾杯。で昼夜関係なしで酒浸り。

ここで北浦漁師の一日。朝六時三十分頃、漁師だまりに集まって、今日の天気を潮ぐあいを話して、出漁が決まれば一旦家に帰り、八時に一斉出港の合図で大小合わせて五〇隻位の船がヨットレースのようによーいどんして沖に向かってエンジンの音ものすごく走り出す。一時間三十分位するとスタートして船が帰ってきて、又十一時三十分頃一斉にスタートする。そして十二時三十分頃船が帰ってきて、三回目に又合図のもとにスタートする。見ていてスタート時は壮観である。聞けば、一回目は「サザエ」、二回目は「モズク」、三回目は「アワビ」と時間によってルールを守っているようだ。その彼等の姿を見ていると、大変な労働力だ。生きるって難しいなぁー。三回目の漁が終わり、港に帰って来る時に初めて漁師の嫁はんが出てきて、魚の仕分けをし、一日の漁が終わる。多分、一日の売り上げた金をとりあえず嫁はんが取ってしまうみたい。

ＰＭ二時頃、秋田保安部の人が摩耶号に訪問あり。来るなり秋田保安部の課長さんともう一人の部下が、「日本一周している船でしょう」「何で」大阪から摩耶という船が日本一周のため大阪を出港しましたと。多分全国の保安庁支部に報告が回っているはずです。その課長さん、摩耶に出会ったことにえらく感動して報告にある船と船長さんに会えるのラッキーと、一緒に写真を撮ってくださいと、私と並び部下にカメラのシャッターを取らせていた。日本一周一週間前に海上保安庁へ計画書を提出する。船名、船の大きさ、定員、何日コース、寄港地、乗員何名、船長の名前その他、今回使用した船舶は、トン数は四・五トン。船の長さは七・六九メートル、定員は一〇名、乗員は船長も含め四名、船舶検査証書など提出した。又、所属するヨットクラブには写真にあるように出港届が必要です。この書類の中には「航海中は全て艇長が責任を負うこと」と記載さ

出　港　届

艇　名		艇　種	
契約者名		艇置場所	
艇長氏名		緊急連絡	TEL
海技免状の種類	級	ｺｰﾙｻｲﾝ・船舶電話等	
出港時間	年　月　日　:	帰港予定時間	年　月　日　:

乗組員	氏名（カタカナ）	年齢	乗組員	氏名（カタカナ）	年齢
1			7		
2			8		
3			9		
4			10		
5			11		
6			12		

航海中は全て艇長が責任を負うこと。
帰港時間を厳守すること。（未確認の場合は、海上保安本部へ出動を要請します）
航海は目的地を明確にしてください。
目　的　地 ＿＿＿＿＿＿＿＿
外泊時の連絡先（方法） ＿＿＿＿＿＿＿＿

帰港時間　月　日　時　分

※この用紙にご記入いただくお名前、ご連絡先はお客様の安全確保・連絡等に利用します。

れています。

相変わらず、原田と立花さんがもらったウニを一生懸命取り出している。中村が「キャプテンなまこどないしまひょ」貰ったサザエ、アワビ、マグロ、モズク、食べきれないのに。又、漁師のオッサン、くじ貝を茹でて持ってくる。「ビールのつまみにせぇぇやー」（男鹿半島弁を大阪弁に直してある）「この黒海蘊（モズク）を食べや、頭禿げへんぞう」その割にここの漁師頭禿てる人おおいなあ。

ＰＭ二時に康子からのメール。社長さん、康子はいつでも受け入れる準備が出来ています。早く帰って康子を抱いて下さい。愛してます。康子のこと、海より深い愛で愛していることを聞いてもう死んでもいい位嬉しいです。ありがとう。

私も愛してますと返信する。康子からのメールで、康子いつでも受け入れの準備ができている。私と康子と二人きりで会う時は必ずと言っていい程セックスをする。康子と会うのはセックスをするためで、それ以外のことで会うことは一つもない。ただ済んだあとに桜の花見に行ったり公園で遊んだりはするが、人間以外の動物の行為は子孫を残すための自然の行為だが人間は子孫を充分に残したあとも、こどもを生むためのセックスではなく、自分自身又はお互いが人間として愛だの恋だのと言って人間としての楽しみでお互いを高め合いの行為である。動物にはない愛とか恋言う言葉で切磋琢磨して超越した喜びを頂点まで作り出すことが出来るのは人間だけの愛欲である。動物は季節ごとに発情し短期の交尾があるだけで、人間は季節に関係なくいつでもどこでもセックス(交尾)が出来るのである。私と康子は、セックスなしで会うことは、よほどの事が無い限り二人で会うことはない。私と康子は、男と女である。長男の嫁の眞知子とは家が繋がっていて、日常的に朝食や昼食、夜食を共にすることがあり、その度でのセックスはありえない。真知子はいつの頃からか、真知子の方から適度な時にお義父さま今日真知子を抱いて下さいと声を掛けて来る。康子と会うのはセックスをするために逢うのである。

お酒のあと、ウニをいっぱい盛り上げたウニ丼を四人がニコニコしながら腹いっぱい食べる。

「七月二十二日」今日も北浦港をでること出来ず、雨。AM九時四十分頃、秋田マリンの高橋さんよりの電話で、午前中に摩耶見に行きます。私だけ摩耶に残り後の三人、わし等居らんでもよろしまっしゃろ、と三人どこかに行きよった。あいつ等エンジンの故障なんか関係なく、ここで美味しいもの食べて適当に漁師と話しているのが楽しいみたい。

ＡＭ十時四十分に高橋さん来る。直ぐエンジンの状況を見て、ネジの切れた部品を持って秋田マリンに帰る。ＰＭ一時頃また来て、図面とサイズ合わず、二時三十分頃マリンに帰る。今日中に何としても修理したいので頑張ると帰る。「アリガタイ」高橋さん、いい男や。それから何回か高橋さんマリーナに帰ったり来たり。部品を調整してＰＭ五時四十分最後のトライで摩耶試運転。何の問題もなくエンジン動き出す。エンジンを冷ます海水も船尾の排気口からドン々出てる。メデタシメデタシ。その前に、ヨット一隻北浦に入港してきた。係留する所探して遠くに行ったので話できず。

夜食は、今夜で最後の北浦になるので、北浦で一流の料理店亀寿司に漁師にもらったマグロ半身持って行って、その他は摩耶まで出前を頼み、ビールで一杯。漁師等に礼を言って、明日出港しますと連絡すると、メロン、タコ、タイ等を持ってきて、一緒に二度目の乾杯。北浦の漁師さんたち「日本一いい漁師」。ＰＭ九時頃、漁師の嫁のオバチャンが来てメジロ、マグロを持ってきて、明日気をつけて行きなぁー「ありがとう」北浦の人皆んないい人やぁー。明日の為に水を補給する。

「七月二十三日」AM五時四十分、北浦を出る。北浦港に着いて二日目の夜チャートを見ると北浦港は避難港であった。船内が火事になり皆うろたえてチャートを見る余裕なし。秋田県の海岸線は約二六四・二キロメートルです。くもり（木）出港する前に、漁師だまりに行き、礼を言う。オオー漁師全員見送ってくれる。昨日入港したヨットAM四時五十分に出ていく。何処に行くねんやろう。右舷に八部潟がある。船からは見えないが、雄物川と米代川の堆積土砂によって誕生した湖（琵琶湖に次いで日本で二番目の広さの八部潟）が今は広大な田園地帯になった八部潟干拓地がある。酒田を出て次の寄港地であった能代（エンジンのトラブルで能代に行けず秋田北浦港に入る）を過ぎる頃から、海側にある大間街道と並行して五能線が見え隠れ見えている。

摩耶の進路は、真北へ宇宙科学研究所ロケット実験場と能代火力発電所と風の松原を過ぎ能代海岸と五能線に沿って大間街道と並行して北上する。AM十一時、能代海岸に電車が見え隠れ見える。その五能線の向こうに見えるのは、飛鳥時代から、手付かずして生きのびてきたぶなの山林である。白神岳（一、二三二メートル）で白神山地（東アジア最大級のブナ天然林に、クマゲラなど貴重な生き物が棲息するユネスコ世界遺産の地。立ち入りが許されている暗門滝と十二湖では大自然の偉大さと神秘が体感できるとか）又、白神山のぶなの紅葉は、それは綺麗でその景色は日本一とか。又、この白神岳から、昨日まで居た、男鹿半島がはっきり見える。

白神山が見えるともう青森県か。を通過し、みちのく舮作崎を黄金崎（不老不死温泉のある所）で摩訶不思議の船に出会う？手を振って別れる。ＰＭ二時頃から、竜飛岬がはっきり見えるようになってきた。その黄金崎から見えるのは、大戸瀬崎。この大戸瀬崎そのものが千畳敷である。和歌山の白浜にも観光地と有名な千畳敷がある。白浜の千畳敷は高台にあり、観光の案内には、皆さん背伸びしてください。太平洋の向こうにハワイが見えませんかと笑わせる所にあるがここ大戸瀬の千畳敷は、国道一〇一号線道沿いにあり、沖に向かって歩いて行くと、岩と岩の間に、潮吹き場があり、波が来るたびに潮を吹いている。風光明媚な所ですが五能線からは丁度大戸瀬にある大きな岩の中を走っているので見えない。そして、潮吹きを見て康子を思い出していた。

その竜飛岬を八マイル先に見ながら小泊に入港する、ＰＭ三時。明日天気が良ければ、日本海ともおさらばだ。着岸した場所になぜかシジミ屋さん。早速シジミ屋さんへ行く。中を見ると、シジミが袋に入って、山ほど積み上げてある。アサリなら解るが、店の人に、なんえこんなにたくさんシジミがあるのですか。「ちょっと陸地を入った所に十三湖があるからですわ」「あぁ十三湖」シジミがある筈や。シジミ買う。小売りしないので二キロ買う。当分の間、シジミばっかりや。

尾崎神社の海上安全旗

隣に三〇フィート位のヨットが係留してあり、人が見えたので挨拶に行くがつれない返事。民宿の前でオバサン見つけ、食堂と風呂屋ないか尋ねる。「ない」何処からきたね。「大阪から船で日本一周しているねん」親切なオカミ、風呂沸かして、夕食用意したるわ、三十分程したらおいで。「アリガタイ、オオキニ」風呂に入り座敷で宴会始める。ちなみに、風呂は「ただ」、その上、洗濯までする。摩耶に帰ると、先程のシングルハンドのヨット乗りが訪ねてきて、キャビンでビール飲みながら話に花が咲く。さっきのつれない態度なんやねん。そのうち隠岐の島で松本さんと一緒になり、二日間ランデブーした話が発展していく。世間は狭い？その後、すぐ前にある尾崎神社に海上安全の旗があると立花が言うので、一緒に買いに行く。そこの誰かが、ここは津軽三味線と歌手細川たかしが歌う望郷じょんがら節に小泊が出ているとか、ちょっと自慢しとった。今後の航海の安全を祈る。さあ、明日は竜飛岬を廻って津軽海峡を越え、マグロの大間崎を過ぎれば太平洋。次の目的地は大間を廻って大畑漁港。でも空模様が心配。まあ、神主が乗っているから安全やろ。その神主の嫁康子からのメール主人（立花）からのメールで明日竜飛岬を廻って津軽海峡から大間を過ぎて太平洋に出るので、明日がクライマックスやと興奮してメールして来たけど、社長さん大丈夫ですか、内の主人（立花）が事故で死んでも神社は私も居るし、息子がもう立派に神社守れるから居なくなってもいいけど、聞くところによると、息子は大学を出てから市役所の職員になり、仕事をしながら神主の資格を取り、神社の行事には神主として手伝っていて、今ではもう一人前に神主の仕事が出来るらしい、もちろん門前の小僧でもあったので、もう立派な神主であるらしい。社長さんは、康子の大事な人なんやから死なんといてね愛してます。チュー。主人は死んでもいいけどそれはないやろ。康子そこ迄言うな。立花さんと二十日程一緒に船で生活して立花さん正直もんで純粋な性格の人柄でだん々に好きになって来ているのに、その上康子を盗んだことに少し済まんなぁーと思っているのに、少しは立花さんを大事にせいよ。(これは、心の中のつぶやき)

「七月二十四日」AM四時五十分、小泊を出港。青森県の海岸線は約七四八キロメートルです。(金)晴。いよいよ予定より二日遅れの津軽海峡を通って太平洋へ。津軽海峡は、津軽暖流―Wikipediaは、津軽海峡を西から東へ流れる海流のことで津軽流対島暖流が東シナ海から日本海を北上し竜飛岬附近で対島暖流の三割は、宗谷海峡に流れ、残りの七割が津軽暖流となって津軽海峡を西から東へいわゆる日本海から太平洋へ流れるが、津軽海流というその流量は、約に二〇〇万立方メートル毎秒と見積もられている。従って津軽海流は西から東に一方通行である。それは日本海の方が水位が高く低い太平洋に流れている。潮早は一～三ノットとされている。この津軽海峡は、北海道と青森県の間にある海峡ですが、国際海峡で、外国船舶の通航に利用されている。大間から北海道函館迄はわずか一七・五キロメートルである。

AM六時、竜飛岬を通過、北海道が見えているこの竜飛岬には、階段国道があり、上から下

竜飛灯台

へこの国道階段を降りたことがある。これが国道と思う程不思議な国道である。この「三三九」号（国道）をほんの少し青森寄りに「義経が祈りを捧げたとされる観音像が安置されている」（義経寺）がある。波高し。オォー、原田お前がいつも歌う石川さゆりの、津軽海峡冬景色の竜飛の灯台や「ほんまでんなー」竜飛を通過四十分後に船内で何やゴチャゴチャしたいた中村が船内の窓から岬を見て、キャプテン竜飛の写真を撮りまっさ、とカメラを持って出てくる。「アホか」竜飛はもう過ぎたわ。エエー、写真を撮ろうと思って中でカメラを探してましてん。

竜飛灯台は、明治三十一年十一月八日に点灯し、光り方は

単閃白光で毎十五秒に一閃光で、高さは二八メートルで昭和二十八年五月に無人化され、平成十年十一月八日に点灯一〇〇周年を迎えた。

ここは波高し、もう遅しや。オイ、津軽海峡や大間のマグロ釣れるかも知れんど。スタン（船尾）からケンケン流せー。マグロが釣れるかみんなが期待している間に雲行きが悪くなり、波も高くなってきた。右手斜め後ろに青森港に入る北海岬がうっすら見える。AM九時頃、風と波が高くなってくる。マグロどころで無くなって来た。

今日の予定は、大間崎を廻って大畑に入るのがどうも怪しくなってきた。三人のクルーが代わるがわる私の顔をチラチラと不安そうな目で見とる。摩耶号の右舷には、福浦崎が見える、ここはまる仏ヶ浦で奇岩、怪岩が立ち並びその風景が約二キロメートル続き、極楽浄土を思わせるような景色で白緑色の凝灰岩が長年の雨、風と荒波に削られてできた自然の造形美で国の天然記念物に指定された、美しい海岸が見える。

よし、大間に入ろうと言うとすかさず誰かが「そうしましょう」何を言ってやがる。AM十一時大間着。この大間は、下北半島国定公園である。大間崎は、本州最北端の地で、背のびしなくてもそこに北海道が見えている。本州最北端は北緯四一度三二分、東経一四〇度五四分の場所に「本州最北端の地」の碑がそびえ立っている。

これで本州山口県の最西端から青森の最北端迄摩耶号は無事に両端を極めたことになる。これで今回の航海のなかばか写真が本州最西端の毘沙ノ碑と本州最北端の大間崎。

早速遠くから摩耶を見た軽自動車のオッチャン、「そこ浅いでぇ」オッチャンの案内で摩耶を移動する。礼を言うため見たら「オッチャンもう居れへん、まあいいか」すぐ風呂屋を探すが、三人の人に風呂屋を聞くが言葉がなかなか通じない。後で解ったこと、大間では、風呂という形容詞はない。そりゃあ通じひんわけや。原田生意気にキャプテン、喫茶店のコーヒー飲みたい。と云うので喫茶店をみんなで探す。有りました。海に向かって一〇〇年位前と思わせるレトロな喫茶店。店の中から港を見ながら美味しいコーヒーを飲む。マスターに風呂聞くが、大間に風呂屋がない。漁業組合に行き、早速今日釣れたマグロを見に行く「大きい」マグロは、きれいな箱に詰められ、このマグロどうするんですかと組合の人に聞くと、東京方面に送られるとのことでした。それからマ

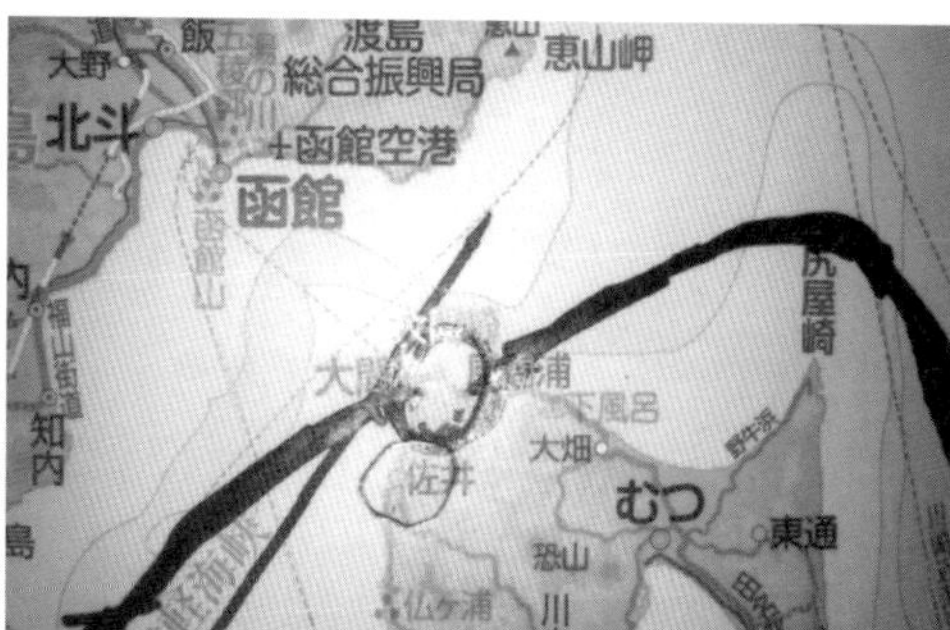

グロの販売店に行き、マグロ買って、男鹿の北浦の漁師にもらった、サザエ、アワビと一緒に家に送る。魚介類を家に送るべく伝票を書いている時、うん、今日は母親の誕生日や。もうとっくにあの世に行って今は居りませんが戦争中（第二次太平洋戦争）母親と妹と三人で祖父父親と離れて母親の生家で三年余年暮らした時がありました。それは、お国の方針で小学生は、アメリカからの空襲を避けるため疎開すると云うことがありました。田舎に行くわけですが、田舎に親戚がある者は個人疎開。田舎に知り合いまたは「つて」のない者は、集団疎開がありました。幸い私は母親の生家が田舎にあったので個人疎開組で母親の生家に行くことになり妹と三人暮らしたわけです。生家は古い家屋でありましたが部屋もたくさんあり、母の母と母の兄夫婦とこども（従姉）も二人居りましたが大きな家屋であったため暮らすことには、支障はありませんでした。母は父と結婚する迄は、田舎の小学校（私と妹が転校した学校）の代用教員をして居た関係で地元の小学校の先生方は、ヒサコ先生の子（母親はヒサコ）と言うことで校長先生始め良くしていただきました。母の兄も村の公職（村長）になり何不自由なく過ごせました。故郷の歌ではないが、川でうなぎ、小鮒を取ったり中学一年（中学一年迄田舎に居りました）の時（もう戦争は終わっていました）山にウサギ狩り行ったこともありました。また童謡の赤とんぼではありませんが学校の帰りに友達と口元が真っ赤になる桑の実も食べました。

私は行動的で好奇心旺盛な少年でありました。この時に母親から多くのことを学びました。そのため私自身が言うのはおこがましいが情緒豊かなこどもになりました。そのため私には故郷が有ります。三年間過ごした所が故郷であります。又その時の友達も大勢居ていまも友達として付き合っています。先に書いたタナバタの短冊の露の水玉のこともこの時期母から教わりました。母親は田舎育ちで、少女時代から白く咲く笹ゆりが好きだったと祖母から聞いていたので三年有余年母の里にいた時には笹ゆりが咲く頃には、笹ゆりが咲いている村山へ探しに行き、白く咲いた笹ゆりを母にプレゼントしていました。その時の母が少女のように喜ぶ姿が私には嬉しくて、そんな母が大好きでした。

七十二才になっても未だに母が恋しい。困ったもんだ。サザエとアワビは、船の後ろにあるタラップに網に入れて、サザエとアワビは後ろからの波で絶えず海水に守られて生きていた。船に帰ると船を案内してくれたオッチャンがいたので礼を言い、ついでにタクシーが無いので大間崎迄乗せてもらう。オッチャンの言う通りで大間崎は大荒れで波高し、風はピュー

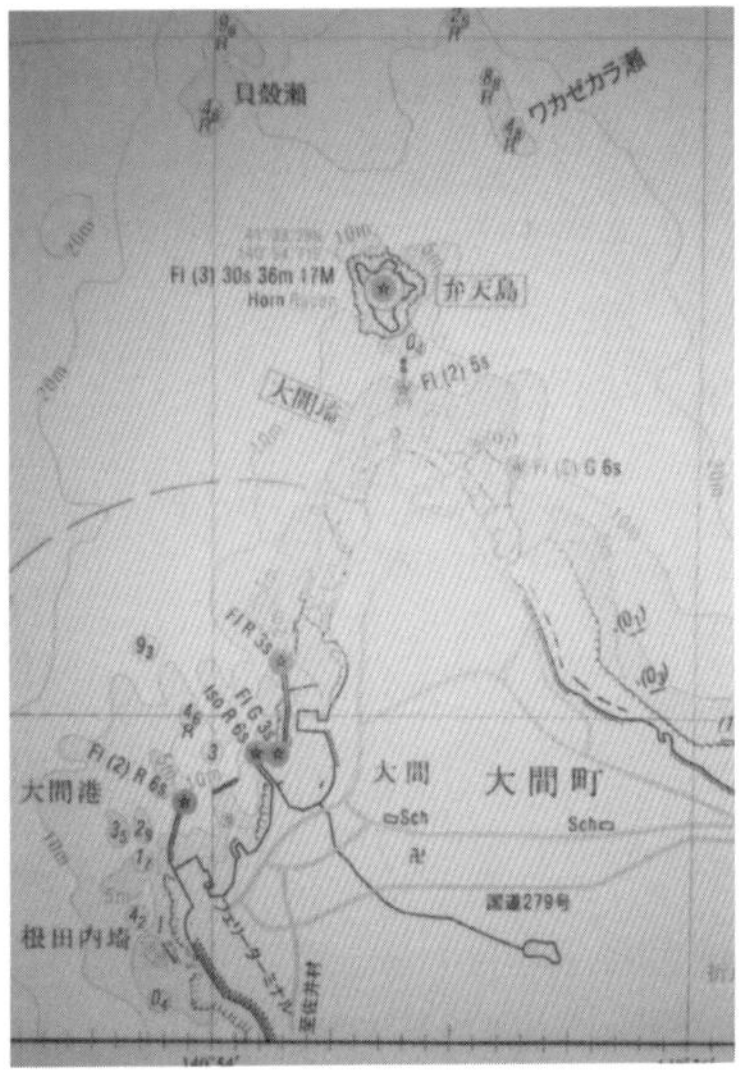

大間崎と弁天島の海図
大廻りせず大間崎と弁天島の間を航行

ピュー、大間に着岸して良かった。それと大間崎に行って良かったことは、太平洋へ出るための大間崎の回航である。図で示したように大間崎と沖の灯台弁天島の間は、漁船しか通らない航路を見たことであった。ずい分、近道で、時間も短くすみそうだ。給油七〇ℓ。目の前に工事中の大間原子力発電所がある。夕食はもちろんマグロの定食。酒もうまかった。ついでに大間温泉にも行き、しばらくこの世の至福。

ＰＭ三時に真知子からメールが入っていた。お義父さま今どこですか。出発の前の日、真知子がお願いして抱いていただいてからもう二十日以上になります。真知子とお義父さまとこんな長い間逢わなかったことはなかったです。会社の出張でインドネシア方面に行かれてもせいぜい一週間位でした。真知子寂しいです。お帰りになったら真知子が好きな後からして下さいね楽しみにして待ってます。

メールで健気にも、帰ったら真知子の好きな後ろからしてくれと言う。この辺が、康子と真知子が私に対する接し方の違いかな。康子の時は、康子を見た瞬間に男としてこの女を抱きたいと思ったが、真知子を抱く時とは話が変わります。それは、今迄にそれとなく書いてきましたが、私の妻、京子に騙されて結婚したことから始まります。

私の長男を何の疑いも持たずに育ててきた長男が、他人(私の友人)の子供と解ったことで、真知子との関係が始まったことです。先にも書きましたが、色々な条件が重なったことです。その一つが長男の見合い相手の真知子を私が探してきたことが真知子との関係を持つ重要な一つですが、もう一つは、私が騙されて結婚したそのこどもが、私と血の繋がらない他人(友人)の子であったこと、もう一つは、真知子本人は否定していますが、早くに父親を亡くし、若干父親の姿を私に見たこともあるとおもいます。又、長男が九歳の時に私の子供でないことが解った後に、今迄育ててきた子供に私の子供で無いというのが忍び難いのと私の子供として私が長男に愛情を持っていることなどこれからも私の長男として育て、私が死んでも、子供に真実を明かすことが無い私の愛情などを真知子が知ったことです。そうしたもろもろの真実を知った上で真知子が私の子供を産みたいと、信じがたい真知子の話から真知子との関係が始まったのです。その関係は、康子と会えば必ずと言っていい程セックスが始まりますが、真知子との関係は子供を産むための「交尾」であります。何も知らなかった真知子に子供を産むための排卵日を教えたり、長男幸雄のときのピルの話、これ以前に詳しく書いています。排卵日が来たら真知子が、お義父さま、排卵日が始まりましたと、子供を産むために真知子と交尾をして産まれたのが信彦（男）と音子（女）でありました。家では日常的に長男の嫁と割り切って生活をしておりました。真知子が二人を産むまでは、何日かの排卵日だけの交尾と割り切って接していましたが、その交尾をした甲斐があって私の実子二人が生まれましたが、籍は息子幸雄の長男と長女であります。

私と真知子の間に実子（二人とＤＮＡで確認済み）信彦と音子が計画通りに達成されたので、もう真知子と子供を作るための交尾の必要は無くなったので真知子に二人の子供を産んでくれてありがとう。この後は真知子は二人の子供を育てながら、まだ若いのでこれから先は真知子の好きなように生き、楽しい人生を送ってくださいと話し、長男幸雄の元に帰そうとしたのですが、七月十二日の日誌にあるようなことになり、その時から私と真知子は、交尾の関係から男と女の関係になって、今もその関係は続いているのです。私が帰ったら恥ずかし気もなく「真知子の好きな後ろからしてくださいね」と真知子は言う。真知子から聞いたのですが、幸雄との夫婦のセックスは、初めから胸のときめきもなく、私以外との子供を産んだらあかんという意識が常にあって、お義父さまとは交尾の関係でありましたが、その交尾が嬉しくて嬉しくて、排卵日がもっと長くあったらいいのにと思っていたそうです。私のこどもを生むための交尾が真知子の好きな後からにつながります。

二人の子供が出来てから真知子は、幸雄に石田家の跡取りが出来たし、私は(真知子)セックスの時は痛くて嫌いやしもう子供が産まれないようにして、それとどうしてもと言う時は、出来たらマスターベーションで済ませてください(マスターベーションのことは私が真知子に何かの時に教えた)それと子供を産めへんかったらよそほかの人としてもいいと言ったとか。(それで幸雄が常務の時に中村が社長・常務さん・新地の誰か好きな女が居るそうですと、私に忠告に来た。それでか)真知子と男と女の関係になってから私は真知子に優しくセックスするようになりました。真知子を初めて抱いた時私は四十八才、真知子が二十歳。その時の年の差は二十八才。真知子との初めての時、優しく優しく「はたち」になった真知子の髪の毛を通して若くて甘い女性の匂いを覚えています。

それから真知子が長男と長女を生んだある時から男と女のセックスになってから、あの時は、何時も真知子の耳元で、真知子好き、真知子好きと囁いている内に、真知子好きと言うと、ビリッと身を振るわせ、私に抱き着いて来るようになり、初めて男の女の関係になったように思います。それから、色々考えた結果、真知子の好きな後ろからとなりました。でも真知子とあの時は、優しく可愛がりその度に真知子は喜びを感じ私の欲望を体で応えるようになり、そして恥じらいもなく後ろからしてくださいとなった。キャビンでカンパイが始まったので、私と真知子のあの時の話はいずれしますが、真知子と康子とあの時の違いを又お話し致します。

それからお義父さま明日は、真知子の四十三歳の誕生日です。主人幸雄さんと結婚する前に初めて抱いていただいてから二十三年が過ぎました。「真知子を初めて抱いてからもう二十三年か」石田の家に嫁いで初めてのお正月にお義父さまから毎年頂いているお年玉も二十二年が立って、一、七六〇万円に成りました。真知子に好きな物でも買いなさいと言われて色んな品物を買いましたが、使いきれずに真知子の「ヘソクリ」になり何か買うにしても使いきれずの金額になっています。ありがとうございます。早く帰って来て下さい。

真知子と康子には、お正月、ホワイトデー、誕生日、クリスマスと真知子には一回二〇万円を康子には、商品券で一回一〇万円をプレゼントしている。真知子には二十二年間、康子に十年間続けていて、これからもこの関係が無くなっても私の彼女等に対する私の気持ちとして続けていきたいものです。

今夜もキャビンでお酒を飲みながら話の花が咲く誰ともなしに今日大間崎（「ここ本州最北端の地」と刻まれた石碑と大間のシンボル、マグロのオブジェが建つ。この先およそ一七・五キロメートルに北海道がその北海道が見えている）を見学に行った時にマグロのオブジェのある奥には、「立入禁止」があるにもかかわらず大勢の観光客がぞろ々と入り込み断崖に行き、何やら大きな声で仲間と話しながら、手招きして同僚であろう人を呼び、その人達も平気な顔で立入禁止の中に入っていくのを見て、「キャプテンどう思われます？」せやなあ、ちいさい頃に家庭の中で例えば「立入禁止」という看板があれば入ったらあかんで。何か危険があるかも解れへんし、社会の中でには色々なルールがあって、それを皆が守ってこそ秩序ある生活が送れるねんでと自分のこどもに教える事が昨今言われている家庭教育と違うか。（私は人前で大きな声で人様に言われてへんけど）あるＰＴＡの会合でこどもの教育（勉学だけではない）について、人生の最初の教師が親であるので、幼児の時にしっかりとした家庭内の教育が大事ですね。の発言に、せやなやっぱり家庭教育やで、理論的にはその通りやが発言している皆さんも幼少期にちゃんと家庭教育を受けた人達かな、と小さな声が聞こえる。又、先生方も、そうした(勉強以外)ことをしっかりと教えてもらわな困りますよ。又、小さな声で誰かが、学校の先生方もこどもの時に、人間育成のための家庭教育をしてもったのか疑問ですね。戦後、何か知らんが、大人が幼児化して、しっかり自覚した大人が正しい家庭教育がなされていないのと違いまっか、と神主さん。

交通ルールで信号を守らないことも家庭教育がなされていない現れか大人もこども期に親から教育されてないのか信号を守らないこどもの手を引っぱって赤信号を早よ々と言って渡っている馬鹿者が居る。「育児学」として親学の再生をと、日本教育文化研究所所長が新聞で叫んでいたとか。そう言えば電車の中で優先座席に若者(女性が多く見られる)がなんの躊躇もなしに、ドカ々と優先座席に座り早速平気な顔でスマホいじり、目の前にお年寄りが立って居るのに。まったく知らん顔。こんな女はこれは教育する前に死刑か。ほんまやぁー。これも、そんな女を育てた親の責任ですよ。と原田。私はこどもの頃、親からたくさんのことを教えられましたよ。お互いに仲良く生活するための仕組みとかもちろん交通ルールも親から学んだし、そう言う仕組みを学び次の世代に引き継いで行くことが、健全な家庭を作り、そんな家庭から社会の仕組みを教えられる家庭があり、いわゆる家庭教育が生まれる。それが人間の信用に繋がっていくの違いまっか。そう言えば、中村とこも原田とこも、皆礼儀正しいなぁーちゃんと家庭教育出来てんやんかぁー。親にそうした仕組みを教えたりする知識が無かったら、自分のこどもに教えられへんわな。そうでっせぇと原田。せやから、こども中に行儀のよい子、悪い子居りまんねんねぇ。そのためにこどもは義務教育があって、中学を卒業する迄に社会の仕組みを学んで友達もたくさん作って、その中から自分自身の立場を自覚して将来こういうことをしよう、こういう家庭を作ろうと、そのための義務教育。もちろん親がこどもが考える力をサポートせなあかんけどな。家庭教育といえば一年前どこかの新聞のコラムに、幼稚園を親と子の育ち場との役割を幼稚園で実行する話がありました。それは、家庭の教育力の低下などを受け「保護者自身が保護者として成長する場を提供していくという視点が重要」と強調。幼稚園が親にとっても育ち場となるよう、役割や機能を充実させるべきだと求めている。良好な家庭に育っていない親を幼稚園でこどもと一緒に親の責任と、いい家庭にするには、こうした教育が必要ですよと教えるしくみ。まず家庭教育とはこう言うことですよと、しっかり親に教えてもらいたい。それはそうとその親を家庭教育の仕組みを教える側の教師もいい家庭教育を持つ家庭で育ったのかな。いい先生であればいいが？

又こんなコラムもありました。初冬の北京、ところは在留邦人相手の日本料理でのこと。ある日本人が友人と食事をしている時、隣のテーブルから「水」という叫び声があったので見てみると十才くらいのこどもがコップを上にあげて仲居さんに「水」といっている。仲居はピッチャーで水を入れる。こどもは何も言わない。ぼくなと言おうとした時その親がオイビールと大声をあげている。親も親なら子も子やなぁ。何を言いたいかと言うと、その家族連中はありがとうと言う言葉を知らないと言うこと。こどもの頃に親が教えなかったからか。そのこどもも良識の無いこどもになっているのか。

中村が人間としての品種改良が必要かぁー。と溜息交じりに言う。品種改良なら私にも思い当たることがある。大学時代に四国の香川から来ていた友人がいる。その友人私より背が低かったのですが、私は気にもしていませんでしたが、夏休みは香川の家まで遊びに行く程仲の良い友達でした。立派な門構えの家でしたが、卒業して何年か経った年に、ゼミの会合で出会った以来その友人とは、疎通は無かったのですが。彼の結婚式に招かれて四国迄行った事がありました。その時に見た彼の新妻は、彼よりも背が高くなんか違和感を持ち、そっと彼に聞いたことが、人間品種改良でした。彼の家系は皆とは言わないが伝統的に少し背が低いのだそうです。そこで彼は、これからも続く家の子孫のために背の高い女性を意識して選んだとか。それから年月が過ぎて今度は御子息の結婚に招かれて出席した時には、目を見張るほど驚きました。彼は子供男が二人女が一人都合三人。その三人共が背が高く見栄も素晴らしく彼の自慢のこどもでした。見事な人間の品種改良でした。物の事を考える知識が成功した彼でした。あまり良くない家庭とか家系は、誰かの時に思い切って見切りをつけて改良する必要が望まれるのかなぁ。考えるだけでも進歩かなぁ。

「七月二十五日」AM六時四十分、大間を出る。AM五時四十分に八戸海上保安部電話して今日の気象状況は昨日より風はだんだん収まりそうなので出港を決める。立花さんこの辺は、古事記等の話はないのでっか。「そうでんなぁー」と考える。大間港は中に大きな岩が突き出たり、あまり深くない港であった。この津軽海峡の中に、函館と青森の平館港の間に南北につらなる平館海峡がある。珍しい海峡である。大間崎では昨日見た地元漁船だけが通れる海大間崎と弁天島の間の海道を行く。大間崎の海関には四つの暗岩（波にかくれて見えないが浅い所の岩）には特に注意が必要でまた大間崎と弁天島の間は、岩礁が多く、小型船でも通航は困難であると記してある。本来なら大間崎の沖にある弁天島の沖四〇〇メートル先を回航するのが航路である。

大間崎灯台は、大正十年十一月に初点灯され昭和二十年三月に戦災により大破、昭和二十七年三月十勝地震により被災、昭和二十八年七月に灯台を建て替えて、平成二十一年三月に無人化、又、平成二十一年十月に灯質変更し毎三〇秒から毎一八秒に変った。又この灯台の直ぐ北にある弁天島には村人達の昔からの言い伝えの話があるが、長いので割愛しますが、ただこの弁天様は蛇が嫌いで村人達に色々注文をつけて困らせたとか。昨日の内に大間崎と弁天島の門の航路は漁船が通っていたのを見れたので難なく通過。三十分は得をした。

手前が大間崎で沖に見えるのが弁天島

下北郡の風間浦村の下風温泉がある海峡いさびり公園を通り過ぎると、昨日入港するべきであった大畑漁港を右舷に見ながらすぐに「むつ科学研究所」がある。（原子船をはじめ

尻屋崎灯台

様々な展示物に触れて学べる)を通り越すと白亜の尻屋崎灯台が見えてきました。この灯台はその昔、陸から有名な寒立馬と灯台を見に訪れたことがあります。本州最北端の灯台で、東北地方初の洋式灯台として明治九年完成した灯台。平成十七年に点火一〇〇周年レンガ造りでレンズは国内最大級のレンズで津軽海峡の道標灯台で、平成十七年に無人化されている。本州最北端で津軽海峡と太平洋の海流がぶつかる難所で昔から難破岬と呼ばれている。今回の航海では、この尻屋崎が一番の難所として、出航前に何度も海図を広げて研修したところです。灯台の尻屋崎から北北東三十メートル間には岩礁が長く伸びていて島とモノミカジカ石にコガン礁があり何より難所の大根がある。この大根(暗礁)は海藻が繁殖しており近づけば海水が赤く見えるが光線の具合では明らかでない時もある。荒天時には、波浪して顕著だが平穏時には認めにくい、又Bメートルが照射で照らされるとあり。

灯台を大きく大きく迂回して、PM十時三十分通過をしました。もう二度とここは運航したくない所です。灯台の設計者は、日本の灯台の父と称されたリチャード・ブラントンで難所であったため、日本で初めて霧笛が設置された灯台です。今は霧笛は撤去されていますが怖かった。船は、日本海流と太平洋海流がぶつかり、木の葉のようにローリング、海の色は稲光の時に一瞬に見える海の色は鉛り色のようで寒気を含んだ空気がずっと私を包んでいました。その中で皆に気づかれないようにふるまい、船の安全をキープするのが精一杯でした。それでも二十五日目に日本海から太平洋に出て、進路を南へ取って、後は南へ南へと夏に向かって行く摩耶にほっとした時、原田が「キャプテン、暖房がついってまっせ」エェーと見ると、スイッチは暖房オン、あの時（尻屋埼）何とも言えぬ圧迫感と恐怖で身体に寒気を感じてて無意識で暖房をつけたみたい。明るい声で「背伸びしたら左手にアメリカが見えるやろう。大阪に帰ろうぜ」と言いながら思い出して造船会社に電話する。オーパイ入ったか（アメリカから）。我慢、がまんしながら尻屋埼を廻って太平洋にでたぞう、何とかせぇよー。社長の返事「気仙沼に入る頃には、何とかします」「ホンマやなぁー」電話切る。みんなに「オーパイ、気仙沼やてぇー」摩耶が南へ向いたことで、三人明るい表情になっとる。本当は三日前の会社造船の話では、三沢か宮古でオーパイの工事をする予定やったのが、今日になって又気仙沼やとぬ

カモメのジョナサンが止まった小さなマスト

かしよる。腹立つから相手せんとこ。

ＰＭ一時頃、摩耶の小さなマストにカモメが止まる。写真、シャシンと探して撮ろうとした時、カモメ飛び立つ。なんや、ただで乗せてやったのに、写真くらいサービスせぇ。やつはきっと「カモメのジョナサン」に違いない。実は、三十五年前に、北海道の礼文島に行くクルーズ船で横浜から津軽海峡を太平洋から日本海へ通ったことがあるのですが、その時は竜飛岬を見ることは出来ませんでした。クルーズ船は礼文島に寄りながら北海道を一周した経験がありました。

ＰＭ五時に青森県三沢港着岸完了。入港は三時五十分であったが、大小の漁船だらけ。漁業組合に着ける所をハンドマイクで聞いたら、何処でも船の隙間があればどこでもＯＫや！見たところ、大型漁船ばかり。その隙間に入ったら、摩耶が潰れてしまいます。そのため、着岸するまで係留場所を探すのに一時間も掛かってしまう。青森三沢港は、八戸港の北八マイルにある。

今日は真知子の誕生日。真知子誕生日おめでとう。とメールする。あれから二十三年かぁ。あの時のことははっきり覚えている。真知子に私が妻京子と友人の村岡に騙されて京子と結婚した後で長男幸雄が九才の時、ふと幸雄の中に村岡を見た。それ迄何の疑いもなく我が子として育て接し教育して父親としての愛情もあり今さらどうしよう。よし！我が子としてこれからも知らん顔して育てよう。しかし京子と村岡は絶対許せない。

この侮辱と裏切り。それに騙されてだまって指をくわえている訳にはいかない。二人には、仕返しをすることを決意。以前から長男にはお前の嫁は、わしが探すからと言ってあって、何回かお見合したが私が反対してきたが、私の取引先の信用組合の理事長が紹介してくれたのが真知子でした。なんでも理事長の遠縁とか真知子の家は農家で真知子が小さい頃に父親を亡くし、母親と弟の三人で暮していて街から少し離れた農家の娘で高校卒業後信用組合に務めて今回の見合となりました。

もう今迄真知子とのこと何回か書いてきましたが、見合をする前に信用組合の中で理事長から真知子を紹介されてそのまま三人で食事に行ったことがありました。その時に私が真知子を気に入り見合して幸雄と結婚しました、真知子を可愛がって信用組合からの帰り何回かデイトして居酒屋でお酒を飲んで帰りに真知子が、お義父さま腕を組んでいいですかと真知子が私の腕に手を掛けてからの、真知子と私の関係は早かったです。妻京子への仕返しは、幸雄の嫁真知子に二人の私のこどもを産ませたことで少しは溜飲がさがりましたが。それにしても私以外の男（村岡）のこどもを宿して私のこどもを宿したと騙して村岡とどんな話になっていたか知らんけど結婚までして五十年近く私を未だに騙し続けている妻の京子にはむしろ恐れ入る。女は強くてしたたか。おなごは怖い。反面、長男の嫁に私のこどもを産ませている我々我々のことも怖い話だと思う。次は友人村岡にどうして仕返しをしたか、また、次にお話致します。ただ歴史ある老舗を追い出されて福岡（博多）でタクシーの運転手をしていることだけお知らせしときます。

ＰＭ三時頃長男幸雄からの電話、親父、お袋のことですが昨夜姿が見えへんかったので、真知子と信彦で探していたら警察に保護されて引き取りに行った。ぼちぼち本格的になって来た見たいで心配や。「そうか困ったなぁ」その内に帰るから「うん」それから八月一日からインドネシアとベトナムに行って来るわ。「オオー気を付けて行けよ」「ハイ」

「七月二十六日」摩耶、三沢港ＡＭ五時四十分離岸、晴、波一・五メートル。朝食を済ませ三沢港を後にする。すぐ八戸港。今朝も昨日と同じ赤白の煙突から煙が出ている。工業都市？らしく海からもたくさんの工場が見える。突然ですが、摩耶の乗員、四人共すこぶる健康で元気です。一昨日迄少し寂しげな日本海を北へ北へと梅雨明けもなく北海道の手前二二マイル迄航行し、今はあの尻屋崎を回航して南へ南へ、大阪が近づいて来るからである。表情も明るく、話がはずむ。オートパイロットの故障のことも忘れてそれは昨日の晩飯に「うなぎ丼」を食べたからか。八戸を過ぎればすぐ久慈湾を右舷に見て、直ぐ小袖海岸（つりがね洞かぶと岩などの奇岩が点在する景色は圧巻）そこの小袖海女センターは海女の北限とか。日本海も奇岩がたくさんありその景色は圧巻であったが、大間から尻屋崎灯台を廻った太平洋側には瀬戸内海の海岸ではあまり見ない岩壁の景色には目を見張るものがたくさんあり、航海中の目の保養になっている。又右舷に陸中黒崎灯台は北緯四〇度のシンボル塔があり、近づくとセンサーが反応して巨大な地球儀が回転を始める仕掛けがある。これで日本海の男鹿半島の入道崎北緯四十度と太平洋側四十度を二回通り過ぎたことになる。次は太平洋の三十八度線を通り過ぎることになる。

黒崎灯台は、今迄見て来た東北太平洋側一三三メートルの岩壁の険しい自然の中にある。江戸時代の砲台の跡で灯台は、白い道標として誇り高い灯台である。近くの展望台から広がる太平洋と、やはり縁結びの神様として信仰される鵜鳥神社がある。高さ一二メートル初点灯は昭和二十七年である。

続いて「北山崎」がある。約二〇〇メートルの断崖が八キロメートルにわたって屏風のように連なり豪快な絶壁を造る、その雄大さから「海のアルプス」と言われ、断崖の上のアカマツヤシャクナゲが見られる北山崎である。すぐ水尻崎には、鵜の巣断崖があり、次から々へと目を離す間もない位素晴らしい断崖が続く。（尻屋と水尻）二つの尻を過ぎて宮古湾へ、細長い宮古湾だ。姉ヶ崎を右に見て宮古湾に入るとすぐ潮吹穴があり、又右舷に島根県の観音崎にもあった「ローソク岩」があり、潮吹穴は、波の圧力で約三〇メートルもの高さまで吹き出す潮の柱が圧巻である。潮吹穴（誰かみたい）があって、浄土ケ浜は三陸を代表する景勝地、海食で削られて鋸の歯のような形となった流紋岩が海へ突き出している。その姿は、和歌山県串本にある橋杭岩の小型の景観か和歌山の橋杭岩は、串本の海岸から、紀伊大島（ここは串本、向いは大島の歌がある大島）方面へ大小約四〇の岩が南西に一列におよそ八五〇メートルにおよび連続してそそり立っている。直線上に岩が立ち並ぶ姿が橋の杭のように見えることから橋杭岩と呼ばれている。景観でそこには、何処かの国の観光地のような青の洞窟見える。この洞窟は龍泉洞で、日本三大鍾乳洞のひとつで洞内には無数の鍾乳石や石筍、地底湖がある。ドラゴンブルーと称される地底湖の色は神秘的で必見。国の天然記念物に指定されていて季節によりいろいろな表情が見られて、宮古湾の入口は賑やかな観光地だ。

そして高校生であろうか。四二〇、スナイプがセーリングしている姿が見える。宮古湾入口から四十分位かかって宮古県連クラブハウス前に着岸、ＰＭ三時三十分、ここの岩手県ヨット連盟のクラブハウスは立派な建物やなぁー。所で九州も大阪もまだ梅雨が明けてないなんてどうなってんねん。本来なら日本海も夏の高気圧に覆われて波も穏やかで、ルンルン気分なのに、この三陸海岸の景勝地に、岩手県の宮古湾を巡る「みやこ浄土ヶ浜遊覧船」がある。リアスな潮風を感じながら絶景を楽しめるのが人気で、宮古市の観光を支えている。

雨、風、波と悪い年に日本一周したもんやなぁ。宮古に着いて初めて「セミ」の声を聞いた。夏やなぁー。給油二三〇ℓ。給水の後、宮古湾温泉にタクシーで行き、入浴。至福、至福。給水もする。

ここで参考までに、摩耶号が日本一周してるのに、何処の港に入港、何時出港と書いてきましたが発着するのに宮古港に入った時の許可書です。下の様な許可が必要です。すべての港ではありませんが。漁業組合とかに了解だけで済む場合もあります。

ここで港について少し話をしよう。何年か前に瀬戸内海を五日間位クルージングに行きました。「瀬戸は日暮れて夕波小波の」（瀬戸の花嫁）小柳ルミ子ではないが。島々があることもあって、いつでも波は静かな瀬戸内のある日、日も暮れかかって来たので、とある小島の港に入って行きました。いつもですが知らない港には行った時は、誰が漁師かその港に居る人に、どこに船繋いだら良ろしいかと聞くのである。その時も漁師に聞くと、時にはあるのですが。「お前等の船繋ぐとこないわ」そない言わんと日も暮れて来るし頼んますわ、どこでもいいから！ほんだらそっちの方に繋いどけ。オオキニ。その港の漁船は二〇隻程で小さな港、それ

指令　第・・・・・・・号

浮桟橋使用許可書

住所：大阪府大阪市〜〜

氏名：石田

平成　　年　　月　　日付けで申請のあった浮桟橋の使用については、
岩手県港湾施設管理条例第７条の規定により、次のとおり許可します。

リアスハーバー宮古管理者
特定非営利法人　・・・・・・
理事長　・・・・・・・

艇種：汽船　摩耶号
艇長：・・・メートル
セール番号：・・・・・・
期間：何年何月何日 14 時 30 分から
何年何月何日何時まで
許可条件：裏面の通り

でもの港を造るのに費用は約七億位かな。と思っていたら、さっきの漁師、摩耶が珍しいので見学に来る、船を繋がさしたと少し態度が大きいが構わず、どうぞどうぞとキャビンにいれる。キョロキョロしている。（漁師が見学に来るといつもキョロキョロ）ビールどうでっか。そやな一杯もらおかとビール飲みだす。「オッサンこの港ええ港やな」そうやろう「おっさんこの港造るのになんぼかかった」うーん五億か六億とか言ってたな「この島家何軒あるのん」二〇軒や「ふーんオッサンこの港造るのにお金なんぼ出したん」エッ、そんなもん（お金）出すかいや「ほんだらここの島の人誰もお金出してへんの」うん「オッサンな、この港造るのに、誰が金出したと思う。「そら国やろう」そこや国やけどな国はどこからその金集めたと思う。わしらがお金だしてんねんで大阪でぎょうさん税金出してそのお金で造ってるねんでオッサンら誰も出してへんやろ。わしらのお金で出来てるねんで（お酒が入っているので）この港な、オッサンらの港違うねんで、毎日仕事場にしているので自分らの港と思ってるけどな、国のもんやで。オッサンそう言えば島の者誰も金出してへんもんな。「そうやで、勘違いしたらあかんで、これからほかの船が来たら気持ちよく繋がしたりや」ざっとこんなことが、時々あります。毎日のことやから漁師たち自分らの港と思い込んでることがあって、始末に悪い時があります。

「七月二十七日」ＡＭ五時三十三分、宮古を出港。岩手県の海岸線は約七〇八キロメートルです。霧。朝四時三十分に起きると一面霧で何も見えない。朝食後、沖はどうやろなぁー。立花さん「沖は大丈夫と違いますか」無責任なやつ。中村も行けんのちがいますか。よし、決めた。出港しよう。ゆっくり摩耶を走らせる。（毎回ですが、摩耶が港から出ると二時間は必ず私がラットを握り、エンジンの調子、温度、舵の効き具合、そしてコースを決めて対応する）入江の中にある都を後にする。此の霧、次の気仙沼まで晴れずＧＰＳと四人の八つの目で走らす。そのため本州最東端碑があるトドケ崎灯台、重茂半島の最東端の岬に立つ白の灯台は目に見えず残念。ＧＰＳには、はっきりと映っていた。写真がそれ。

　気仙沼に着くまで緊張の連続で全員が前を注視している。ふと横に居る中村を見るとコックリコックリ居眠りしとる。しかも彼がワッチ当番でラットを握って走行中の責任者。全員が前を見ているので、寝ているのが解らなかった。この時は本気で怒った。「アホ、何やっとんねん。後ろに行って寝とれ！」危険極

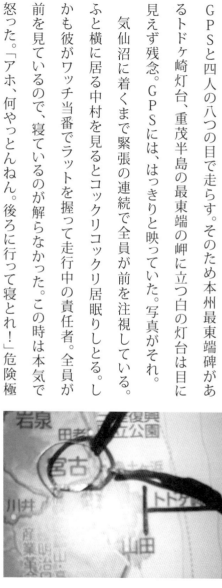

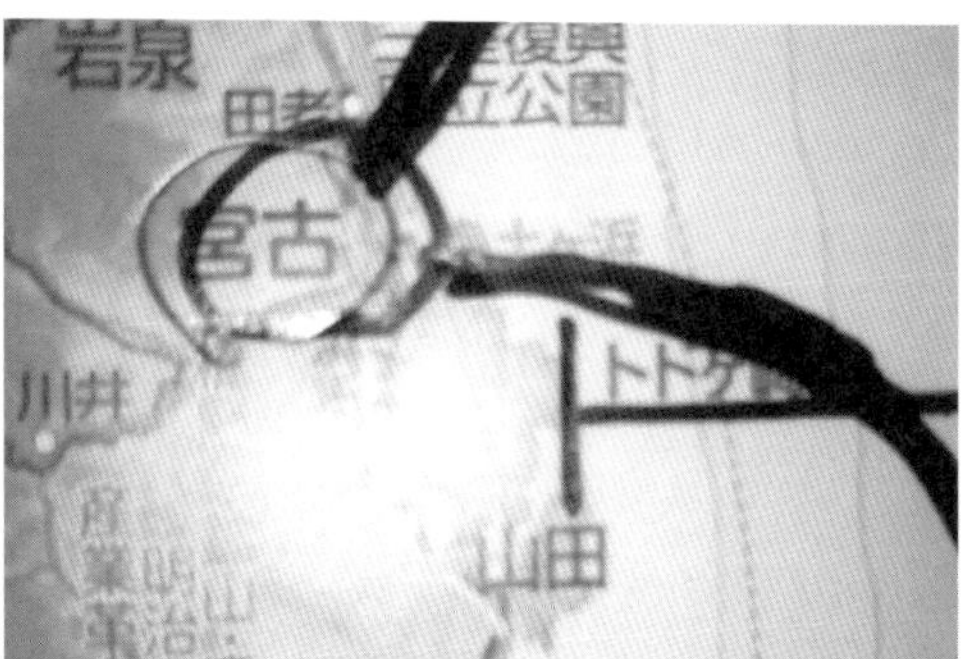

まりない。視界一五メートル位、摩耶の速度は七ノット、何も見えない。ＧＰＳはありがたい。宮城県気仙沼に入り、霧で何も見えないけど着岸できる所を探す。その時、霧がパァーと晴れる、嘘みたい。その時の気仙沼港、明るい港やなぁー。港が観光地？エエ港やなぁー。直ぐ、坂井さんに電話する。何処に居るねん。摩耶見えてます。アホか、陸から摩耶見えても船からお前が見えへんわ。「左側にカラフルな建物見えまへんか」「オー見えた」でも摩耶真っ直ぐ行って突き当たりの岸壁に着けるからそこへ来い。解りました。着岸する。坂井さんに今度のオートパイロット間違いないやろな。「今度は大丈夫です」早よ修理してくれ「解りました」と坂井さん修理にかかる。

「キャプテンちょっと買い物に行きまっさ」ＯＫ。三人が買い物と観光に出かける。私は船に残り修理を手伝う。ＰＭ五時頃出かけた三人が帰って来て、直ぐ宴会の用意が始まり直ぐ乾杯。坂井さんはよ修理して一緒に飲めや。そんな訳にはいきまへん。と延々と修理を続ける。

ＰＭ十時四十分、坂井さんまだ修理をしてる。ほかの人間はキャビンの中で酔っ払って寝てしまう。坂井さんと二人一緒に修理を続け十二時頃坂井さんがやっと「これで何とかなりまっしゃろ」坂井さんと朝五時に試運転することで話が決まり、大阪から来た自動車の中で坂井さん寝る。ここで私、大声で「気仙沼ブルース」を唄う。皆んなびっくりして起きて来て「なんでんねん」夜宴会の途中に、康子にも真知子にも同じ内容のメールをする。無事津軽海峡を越えて夏の太平洋に出ました。だんだん康子に近づいている。真知子も同じだんだん真知子に近づいている。真知子からは嬉しいとメールあったが、康子からは「主人からのメールで知ってました」可愛げのないやつや。それでも康子はいい女やなぁ。真知子と違った魅力と繊細な感性を持っている。宮古から気仙沼まではほとんど濃霧で三陸の海岸の景色はあまり見えなかったが、走りながらキャビンの中でのテーブルでチャートを開いて見ていると、宮古港もそうであったが、入江が多いこと多いこと。三陸海岸を縦にして立てたら巨人に丁度良いノコギリになる位入江が多い。例えば津波が来たら中迄大変なことになりかねない。気仙沼も御多分に漏れず奥が深い。宮古から気仙沼迄の岬を数えたら二二の岬があった。立てたらちょうど巨人が使うノコギリみたい。天気が良ければ素晴らしい三陸海岸の景色が見られたのに日本海も太平洋も瀬戸内に比べたら断崖が多くその壮観さには、ずっと驚きぱなしである。

「七月二十八日」朝五時、宮城県の海岸線は約八百二十七・九キロメートルです。試運転。オートパイロットを始動するのに走りながら、坂井さんと数字合わせが三十分程してから港に着いて、テストの結果、ＯＫ。その時、六時、気仙沼市のチャイムが鳴る、オシャレな港やなぁー。坂井さん、下船させ、そして坂井さんと別れを惜しんで泣きながら「それは無い」見送られて、気仙沼を出港。誰か紙テープを持ってへんのか。私は気仙沼に着いてから、一歩も陸上に上がらずじまいでの出港となった。気仙沼の港は、観光の港であるせいか華やかな港である。丘の上には二、三軒のホテル、その附近には、おとぎの国のような家など明るくて入港した時他の港にはない風景にいい港やなぁ。船でなく、もう一度は来たくなるような港であった。

今日出港してから、新しく馬力のあるオートパイロットを取り付けたので、もう大丈夫とルンルン気分と思いきや港を出るなり視界三〇メートルのまた濃霧。エェー。ところが、濃霧の中一時間ほど走ってたら、急に霧が晴れて陸が見えて来た、ラッキー。ふと、気仙沼港も宮古港と一緒で細長くて奥の深い港やったなぁ。二時間ラットを持って代わる。原田、ちゃんと前見て走れよ。あっちこっちで釣り人が竿を出しているからな。釣り人に迷惑かけるなよ。釣り人は、時には長い竿を出しているし、ルアーで遠くに投げるので、釣り人達のできるだけじゃましないように心がけ掛けている。ところが行儀の悪い釣り人は、弁当箱やビニール袋を風で飛ばされたり、海釣り場に置き捨てたりしたりで海が汚れるし、時にはビニールが船のエンジン冷却に吸い込みエンジンが焼け付き、故障の原因になる。共に海を愛する者同志気を付けたいものである。

一昨日は、ウミネコの繁殖地と種差海岸を見て、三陸海岸を八戸線の電車がチラリ見えたりの航海であったが、昨日は濃霧で一寸先も見づらく何も見えない航海であった。摩耶は雨だったり晴れたりの天候の中、快調に走っています。今日は同じ宮城県の松島ヨットハーバーに着岸するつもりが、島また島で迷いに迷い、松島ヨットハーバーに着けず、松島やぁ、ああ松島やぁ、で島と島の間にある小さなヨットハーバーに四時三十分に係留。松島と言えば、瑞岩寺。お参りするため、瑞岩寺に近いヨットハーバー(ここから歩いて瑞岩寺に行ける)に入港するつもりが、あっちこっちに岩と島に阻まれ着くことができなかったので、このヨットハーバーからタクシーで行くことになったが、桟橋を修理していた職人さんに、近くにタクシーありますか。何処に行く。瑞岩寺。ここからは遠くて無理やで。確かお寺の門五時に閉まる思いますよ。それならしようがないと乗組員、全員お参りを諦める。

松島と言えば、松島やああ松島や松島やが松尾芭蕉の句と思われているが「奥の細道」を読んで見ても芭蕉が仙台桜島に来て、俳句は詠んでいません。したがってこの句は芭蕉のものではありません。

私は瑞岩寺に二回ほど行っているのでいいか。寝る前に立花さんが船内で、ここの南に多賀城市があってその南に七ケ浜湊町という所があって、日本書紀によると、ヤマトタケルが東征で三浦半島から走水の海（浦賀水道）を渡り、上総国の木更津に渡り鹿野山（現在の君津市）を治め、茂原市（タチバナ神社あり）東征を続け九十九里浜から「上総より転りて陸奥国に入りたまふ」と七ヶ浜湊の海岸に上陸した。ヤマトタケルの東征はここを極限として岐路に就いたと日本書紀には記している。立花さんの話である。皆んなチャートを見る。銚子の犬吠埼から一六二マイル、九十九里浜からだいたい四八マイル＝二一〇マイル。ヨット乗りとしていま迄、種子島、屋久島、沖縄そして小笠原と近代ヨットで何回か航海してきた経験者として昔のそれを千年も前の木造船。どないして来たんやろ。櫓で漕いだりして来たんやろなぁ。時間もかかるし。皆んどんな船やったんやろ。と考えながらふと「ほんだらここは蝦夷地かぁ！」そうです。ヤマトタケルは東征崎の各地で神々を祭って来たが、岩手県一関市にある配志和(はいしわ)神社が最北といわれています。

給油一二〇ℓ。今夜はすき焼きでもするか、電気も水道もあるし。明日は一日飯当番。摩耶を着ける所、場所によって、陸から船に電気を取ることが出来る港と、電気を船に引っぱることが出来ない港があります。電気が取れない港では摩耶に備え付けの発電機を廻して明かりとか料理に利用します。参考にヨットで遠くへクルージングの時は、動力は風なので太陽が昇り日が沈み、また太陽が昇り四日、五日と目的地迄どこにも寄らずに走ることがあります。ヨットマンの堀江謙一氏の太平洋横断のヨットはエンジンは積んでなく、日本の西宮からアメリカ迄風で行きました。

「七月二十九日」(水)AM五時三十五分、仙台松島小浜ヨットハーバー出港、くもり。夜中、雨、出港前に雨は上がる。薄い霧。松島の島々がシルエット。情緒ある風景にしばらく皆見とれる。朝食は、昨日のすき焼きの残りにうどん入れて、電子レンジで温めとパンとコーヒー。今日、友人の黄綬褒章受章祝賀パーティー。お祝いの席に出ることができないので、祝電を打つ。ここで国から功労者に授かる勲章について。友人の黄綬褒章は、その職業等が集まった協会があり、その職業を通じて協会の理事になり、多くの同業者の発展と便宜に功績があっての受賞でした。褒章に限らず勲章を授かるのに友人のように友人自身の職業を持ちながら誰かのために尽くすいわばボランティアで勲章を授かるのは立派と思うが公務員がその仕事に就職して、生きて行くためにそこから給料をもらいながらそれが食べるための仕事であるのに功績があったと国から褒章であったり勲章をもらう本人も違和感を感じないのかなぁー。貰う方もそれを申請する方も同じ公務員であるから彼等独特の思想で平気の平座か。民間人が身銭を切ってボランティアをして頂く勲章は勲章でも民間人の功績で貰う勲章の方が値打ちがあると思う。その勲章を計りにかけたら公務員が生きるために給料を貰いながらの理不尽な勲章はきっと軽いやろなぁー。同じ公務員でも命を懸けての消防士や警察官等は別である。

ＡＭ十一時頃福島県に入る。相馬市や南相馬市を過ぎると松川浦があり万葉に歌われているところや。福島第一原子力発電所が見える。その前に大型船の海上保安庁の船が、船首を沖（こちら）に向けて睨みを付けている。テロに備えての警戒か。直ぐ第二原子力発電所が見える。原子力は、だいたい海岸沿いにあるためテロに警戒が必要だろう。昼頃から波高し。

右舷側を見ると、波立海岸か、そりゃ波が高い筈や。霧も少し出てくる。全員、気を引き締めながらの走行。次の寄港地、小名浜港（いわきサンマリーナ）に向けて、摩耶を走らす。いわきサンマリーナに入る少し前、波の間に霧の中から突然、岬に灯台が幽霊船のように現れる。

幽霊船を見たことがある。その昔、四国一周反時計廻りで来島海峡の手前に今治港（今治市）に入港するべく四国の多度津（北前船の船主宅あり）から今治に回り航海中に霧が発生したので新居浜に入り霧が晴れるのを待つため、新居浜を目指し霧の中。船にはレーダーがないので、笛を吹き鐘をならしながら他の船との衝突を避けるためである。三〇メートル先はまったく見えない時に風で霧がすーっと薄くなった時、突然目の前に、ほんとうに突然目の前に四本マストの帆船がパーッと目の前に現れた時には、これが少年時代に胸をわくわくしながら読んだ幽霊船！これが幽霊船の現象か。その時の写真。この船は、四本マストの海洋訓練所の海王丸でありました。この海王丸の先代の海王丸に三日乗船して訓練を受けたことがあり

うそみたいに霧が晴れて現れた海王丸

ました。この航海日誌の七月十六日に、富山新港に係留してある海王丸に再会することがありましたが、以前三日間海王丸で訓練したことがあったからです。霧の中の海王丸に近づくと、大勢の訓練生がデッキに集まって、我が船が笛と鐘を鳴らしているのを聞いたらしく、我々が昔の仕来りの道理の船法をして手を叩くと、手を振って歓迎してくれました。しばし海洋の中での海の男と海の男の会話でした。

突然幽霊のように現れたが塩屋岬灯台や。波で船が揺れて怖いのに、やけくそに美空ひばりの塩屋岬を歌う。髪のみだれに 手をやれば紅い蹴出しが 風に舞う憎や 恋しや 塩屋の岬投げて届かぬ 想いの糸が胸にからんで 涙をしぼる。二番へと続く。美空ひばりの塩屋岬の灯台は「北緯三六度五九分四二秒。東緯一四〇度五八分五五秒。光り方、単内白光毎秒一五秒に一内光。光の強さ四四・〇万カンデラ。光の届く距離二二・〇海里（約四〇キ

ロメートル）高さ地上から灯台頂部約二七メートル水面から約七三メートル」管理事務所福島海上保安部。見渡した限りに底引き漁船は見えず。塩屋岬の二番に（沖の瀬をゆく、底曳き網の）ここは海底二〇〇メートルか。ほろほろに、

ＰＭ四時五十分、いわきサンマリーナに着岸、給油二〇〇ℓ。塩屋岬の手前から、風と波が高く、オーパイ使えず、手動で入港する。暫くすると、摩耶の隣に大型レジャーボートが着岸。中村、原田、立花さん三人、大型船着岸のもやいロープを取るため、手伝いにいく。帰って来るなり、キャプテン、あの船の船長がこんな小さな船で犬吠岬越すの無理や言うてまっせ。大型船、犬吠埼を廻っての入港らしくて、死ぬ思いで来たとか。それにしても美しいヨットハーバーやな。後ろに緑の山、その中に別荘が何軒か。クラブハウスもシャレている。ＰＭ九時、船内で夜食、ビールと酒飲んで寝る。夜中、風がピューピュー。

「七月三十日」AM六時三十分、いわきサンマリーナ出港に踏み切る。福島県の海岸線は約百六十六・六キロメートルです。実は朝も風強し。大型船の船長、摩耶に来て今日の犬吠埼超えは無理と違いますか。三人のクルー、ビビッて、出港の用意せず。私はどうしても彼女たちに少しでも早く会いたいためと、お盆には帰って家族と先祖のお墓参りと家にご先祖さんをお迎えしたいので出港を決めている。会長はん、もう一日延ばしましょうな。「うん」あのなぁと立花さんには口に出して言われないが、お前の嫁はん康子がわしに早く合いたいとメールが入ってんねんど。早く帰ることは、お前さんの嫁はんのためになるねんど。と思いながら、今迄にお盆に家を空けたことがない。これは石田家として先祖を敬い、家族揃ってのお盆は私の子供の時、いや代々石田家の慣例になっている。もちろん、長男の家族も一同に揃うのである。そしてお坊さんに来ていただき皆で読経します。そのことが石田家継続であります。

こうしたことは家庭教育であります。親はこどもがどのように育ち、どのような人間になってほしいとかを常に考えるものであります。人生においてどのような理想を持ちどんな美意識を感じとるのか、そうしたことを親はこどもに願うものです。このような家庭教育が家風になり、無意識のうちに先祖代々に受け継がれていくものと思う。こうした教育のおかげでみんなが先祖を敬う家風が出来ている。

こうした伝統が社会での信用につながるものと考えています。石田家には、もう一つの約束があります。石田家の長男として生まれたら、その代の内に（人生の中で）家を三軒建てることです。私の祖父も父親も、それぞれ三軒の家を建てています。なぜ代の内に家を三軒建てるかと思いますと、会社の経営をしながら家を三軒建てるのは容易ではありませんが、それを実行することによって切磋琢磨しなくてはなりません。それが人間の前進であります。会社経営以外に切磋琢磨することが石田家の継続に繋がるからです。それがより安全な石田家を作っていくのです。

康子とは今迄に何回も書いてきたように凄いセックスであります。その上に真知子と違って康子は熟女である。熟した女性でありささやかな知性を持った女である。私は康子とベッドの中に居る時が一番の安らぎを覚えます。凄まじい中、お互いに頂点に達した時にお互いを確認するために名前を何回も呼び合うことがある。それは、康子が神主でもあるし、康子との初めてが古事記からであったので、あの時気持ちが高ぶり頂点の時、私は康子にイザナミ、イザナミ、と興奮した時に呼び、気持ちを高め、康子をイザナギにと叫んでいます。いずれ二人が頂点に達し、その後が又凄いのですが、それが済むとベッドの中で康子と居るのが至福の時間です。その時は、このまま二人して何もかも捨てて何処かへ行ってしまいたい気になる位、愛し合っています。

現実に帰って私は、クラブハウスを廻り少し離れた防波堤に行き、風と波を見に行く。波は白波、風は十五メートルか。船に帰り、気象台に電話する。波、風、次第に弱まるの返事。「立花さん」おとといの晩ヤマトタケルの東征の話で

「房総半島の上総より転りて陸奥国に入りたまふ」

上総の九十九里浜あたりから一気に仙台の湊迄きた話、十二代景行天皇の時代にどんな船か知らんが、その時代に犬吠埼を超えて仙台迄一気に来てる話、それから見たら摩耶は科学の随意を集めた近代の船で垂進力のエンジンもありスピードも安全性も、あの時代からすれば比較すら出来ない位の性能をである。

それで風が、波が怖いから明日に伸ばして犬吠埼を超えようなんて言うなよ、皆、どうやねん、「わしに任せや」よし、チャートを出して皆に説明する。風は南の風一七メートル。その南の風が犬吠崎の南側、銚子市に当たり、その風が集約されて大きな風となって東へ。すなわ

ち犬吠崎に向かって吹いてくるので、風速と風力が大きくなって波が立ち、小さな船では船航が少し難しくなるので、摩耶を犬吠崎の一二マイル東を大きく回航するのである。点線が摩耶の航路です。犬吠崎の風は北寄りが多いが、強風は南寄りが多い。昨日今日と強風の南寄りである。（下の図がその時の犬吠埼のチャート）

しぶしぶ納得さして、ＡＭ六時十分、福島いわきマリーナを出港。出てみると、風と波で摩耶号しぶきをかぶりながらも快走。右舷に五浦（いずら）が見える。この五浦海岸は、太平洋の荒波が生んだ天然の岩の芸術。海岸から見上げるだけでなく、断崖絶壁の上から太平洋を見逃すことを出来ない絶景。「日本の渚百選」に選定されている。

もう直ぐ日立市、日立市を過ぎると次は東海林。東海林と言えば「東海原子力」日本原子力研究開発機構がある所それを南へ行けば、大洗海岸が見える箬海岸には遠く迄小岩小石

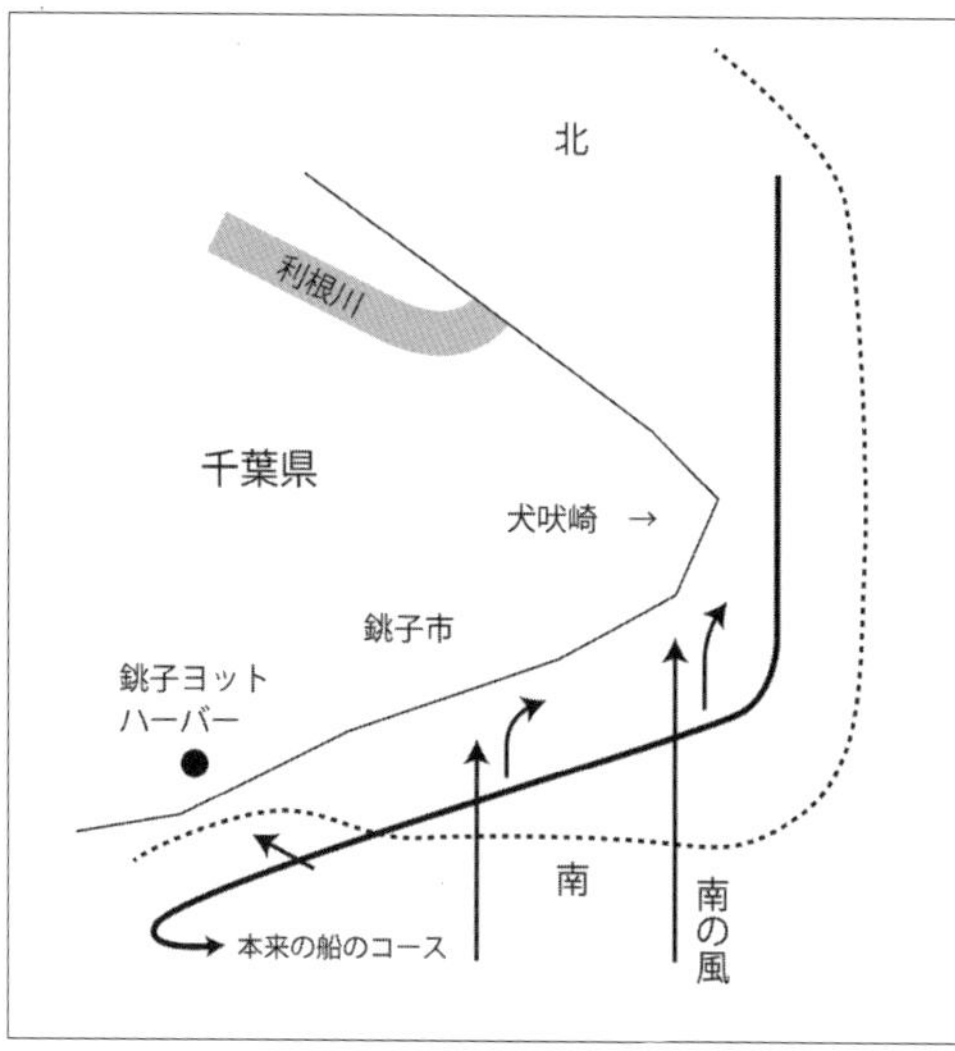

があり注意が必要、大洗町の幕末と明治の博物館があり大洗サンビーチがあり観光地だ名古屋行きのフェリー乗り場がある。このフェリーに以前乗って名古屋迄行ったことがある。犬吠埼を避けるため沖へ沖へ。犬吠埼の沖一二マイルを回航する。

摩耶、昨夜に次いで、最後の長丁場を南へ南へ、ひたすら南へ夏を求める。突然、給水の話になるが、今日も出港前に福島県いわきマリーナで、摩耶に給水。これで摩耶の給水タンクに、初めアメリカより神戸の港に着き、まず大阪で最初の給水。その次は、山口県の室津フィッシュマリーナで給水。次に鳥取の境港で、給水、そして、新潟県柏崎マリーナで給水、岩手県宮古で給水し、宮城県松島で給水、これからも多分、千葉県、静岡県、和歌山と給水することになると、少なくとも県の水を大阪に着くとブレンドした水が日本一周した瞬間に飲めることになる。もし、特別においしい水なら特許を取って、世界中に販売して世界一のお金持ちになろう。へぇーへぇーへぇー。

AM十時の海上保安部情報によると、犬吠埼付近の風は一五メートル、波は四メートル。この状態では、摩耶乗り切れない。一人黙って避難港を探す。小名浜港に入る前の塩屋崎でも、摩耶縦に揺れ、横に揺れて、船の中はお祭り騒ぎ。冷蔵庫の戸も開いて、中のビール、その他中にあるもの全部船の中、足の踏み場もない大荒れでしたが、今日もその二の舞なるか。しかもＡＭ十一時頃、霧が出てきた。どうしようと思いながら一時間程走っていたら、霧が晴れてきた。犬吠埼まであと一〇マイル。三人が三人共緊張しているのが感じられる。朝、出港するしかないかの判断するのに防波堤まで行き、海を見に行った。ヨットハーバーなのに海を見るのに七分も歩いた。それは、朝四時三十分に海上保安部に電話した時、南の風一二メートル、波三・五メートルであったため、海を見に行ったのであります。犬吠埼のネプチューンよ、摩耶号が犬吠埼を通過する時、風と波を鎮め（静め）給え。身勝手やけど彼女等のために。神主の立花さんには、頼めないし。神主の立花さんに変って祝詞、神子とを上げる。犬吠埼の灯台が見えてきた。遠目でも難所やなぁー。日本水路協会によれば周辺一帯は小島、岩礁が多く近寄るのは危険である。西側の長崎鼻を遠廻りして沖ノ三根を右に見て大若の鼻を廻り込んで銚子マリーナに入る。

この犬吠埼には「君ケ浜しおさい公園」「犬吠埼温泉」「銚子海洋研究所」そして地球の丸く見える丘展望館があり水平線がたわむ三六〇度の大パノラマが見られる展望台がある。なお犬吠埼灯台の階段は、九十九里浜にちなんで九九段に設計された白亜の塔である。そして日本のしょうゆ生産量三分の一を野田で作られ銚子から海外に輸出されている。又、犬吠埼の北川に流れ出ている川が利根川。また利根川は歌手田端義夫が歌う「大利根月夜」あれをご覧と指さす方に利根の流れの月見酒、又は、三波春夫の「大利根無情」利根の利根の川風よしきりの「止めて下さるな妙心殿」のおなじみの利根川の川口である。

大波に押されてサーフィンし、スピードが上がり怖怖のうちにＰＭ三時五十分、銚子ヨットハーバー着。皆ほっとした様子。大きなヨットハーバーや。桟橋の下には、何カ所にも魚の入った網が沈められていた。半分漁港か。早く着いたので、皆んなパンツ、シャツ等を洗濯して干す。まるで干し物で難民船みたい。

クラブハウスに行くと。犬の写真がいっぱい。何でや。職員曰く、「ここは犬吠埼」なっとく。入港前に見た犬吠埼は、岩の固まりで波が灯台めがけて、波が砕け、ゴォーとさしずめ犬が吠えているようであった。それで犬吠埼か納得したが恐ろしい所。私も真知子にメールする。

犬と言えば思い出すことがある。阪神淡路大震災の時の神戸市の職員さんの話。冬の震災であった避難所での話。毛布を避難して居る家族に一人一枚を配っている時にある女性が犬を連れて来て、犬も家族やから犬にも毛布一枚下さい、犬は人間で無いので駄目です。何を言うてんねん。犬も家族やから毛布下さい。犬は犬です。何言うてんねん家族や言うてるやろバカ解らんのか早よ毛布くれ。だめです。家族言うてるやないか聞こえへんのかこのバカ。この時の市の人の話をしながら情けなくて涙を流しながらの話。その時毛布は皆に行き渡らず後日又、毛布を持って行ったらしい。五〇人位集まった所での話でしたが、中には、そんな程度の低い人間にはたとえ公務員であっても場合が避難所やから、はっきりあかん、ハイ次のと言って追っ払えばいいのに。また避難所は人間だけ、犬猫は禁止と初めから言うべきや誰かが今の話を聞いて、犬猫を飼うのに、知性と教養が必要ですね。

又知性も教養もない人が犬猫を飼ったら始末が悪い。散歩と言って町のあっちこっちにオシッコをさして臭いし、衛生的にも悪いの解ってへんから始末に困る。犬を散歩に行くのは、ションベンさすための散歩でっせ。困ったもんですな。ある人は、私は犬が好きですが家には充分な庭が無いので飼うのあきらめています。その考えが教養ですわ。小さな庭では犬が可哀相でよう飼わんのですわ。またマンションの部屋の中で飼うのは動物虐待でっせぇ犬は尾を振ってるけど、もっと広々とした所で飼ってやらな可哀相ですわ。ほかの人「そうでんなぁー」

ある人は新地のある店で女性と知り合って、何回かデイトしてある時彼女のマンションに招待されて行って見ると部屋に犬がおって、何かこの女、なんか匂いするなと思っていたら犬ですわ。別れましたわ。犬を飼ってる人は臭い匂いが解らずおるがそんな女なんぼ別嬪でもあかんわ。わしもあかんわと二、三人の声。そしてマンションのベランダで犬猫を座らせた毛布を近所迷惑も考えずにパンパンと犬猫の毛をはらう自己中心の人間は、もう人として救いようがおまへんなぁー。集合住宅に住むのも考えもんでんな。みんな常識があればいいけど。

みんな神戸市の職員に同情して無責任な話。最後の声、犬を飼うならせめて一軒家でないとあかんなー犬好きの人には肩身の狭い話やなぁー。肩身の狭い話やなく犬を飼うなら庭つきの家に住んだらいいだけの話ですわ。納得。それにしても、あっちこっちに犬のうんこきたないなぁ。衛生的にも悪いし。飼う人の常識が無かったらただ犬が好きだけやったらあかんわ。犬を飼うには、それなりの環境が必要でその環境を作ることが出来なければ犬を飼うことはやめるべきと思えますが、せめて集合住宅で飼うなら部屋の中でウンコ、オシッコを済ませてから運動のための散歩をしてほしい。これ常識「うん常識」。常識でないと美しい日本の国が犬やネコのオシッコやウンコで汚している困ったもんだ。

それに公園で犬の鎖をはずして、犬を遊ばせている人。こちらに来るので身構えていると、犬の飼い主が「うちの犬噛まへん噛まへん」何を抜かしやがる。犬に人間は噛まへんと犬と契約書でも交わしてるのんか「あほ」とは言わんとこ。賢い人にこんなことも解れへんのんかと言えば「ほんまやこんなことも解れへんわしはあほやなぁと認めるからいいけど「あほ」言わんとこ。

「七月三十一日」AM七時四十三分、銚子マリーナを出る。千葉県の海岸線は約五二三キロメートルです。AM五時二十五分、海上保安部での電話で、犬吠埼、北の風九メートル、波一・四メートル。勝浦北の風六～七メートル、波一・四メートル。ここ犬吠埼灯台には、地球が丸く見える丘と展望台があるが行きそこねる。出てすぐ、右手にここ九十九里は、南北に六〇キロメートルの砂浜で鰯の鱗が光、銀の海と言われ、鰯がとれてとれての海であったとか。浜の女、昔は港がなく「オッペシ」と言って船を出す「オッペシ（船を押し出す）」今は港に鰯の水揚げ場があるらしい。出港前に地元の漁師に聞けば、今日は大丈夫、海に出たら、うねりがあるかも知れんがとの話。大きなうねりあり。さすが漁師やなぁ。ピッタリや。

ここで私が妻京子と友人村岡に騙されて結婚した話を。私の仕事は精密金型製造業で、結婚した時は、この会社の専務取締役で結婚して十年目に父から代表取締役社長に代替わりした三代目の会社経営者で従業員は約九〇名の会社で海外にもお得意さんがあります。

私の友達の村岡は、互いに近所に住んで居て、小学校、中学校、高等学校と竹馬の友で大学も同じ大学に入学しました。高校では二人共バスケット部入り、三年の時は私が主将で彼は副主将と言う仲の良い友人でした。

大学卒業後は、私は親の会社に、彼は私達が住んでいる街の公務員になりましたが、大学卒業後も仲の良い友達関係は続きました。二人共多くは飲みませんがお酒が好きで高級バーから街はずれの居酒屋と飲み歩きました。その内に母親と娘め二人でやっている居酒屋が気に入り暇があれば二人でまた一人で行く時もありました。それは居酒屋の娘が気立ての良い娘で特に村岡が好きになり娘も私より村岡に色目を使っていました。ある時、村岡が北海道へ二泊三日の出張があり私一人で居酒屋に行った時、そこの娘(居酒屋)が、本当は村岡より私の方が好きだと告白されて一瞬私は村岡に勝ったと少しの優越感を感じそのまま娘の誘いに乗って酒の酔いもありベッドを共にしてしまいました。次の日も村岡がいないのに娘の誘いに二回目のベッドに行きました。それから居酒屋に何回か行きましたが娘はまったく知らん顔で取り付くしまもなくそれはそれで済んでしまいました。その内に村岡に養子の話が持ち上がり相方の話が折り合いあれよと言う間に村岡（旧姓は中村）は六代続くこの街でも旧家の造り酒屋に養子に行くことが決まりました。村岡の結婚の日取りも決まったある日のこと、村岡が「オイ京子（居酒屋の娘）がお前のこども妊娠した言うとんどー」嘘や「ほんだら本人に聞いてみいや」心当たりと言えば三〜四月前村岡が北海道に研修会に出かけた時に京子に好きやと言われメロメロになって京子と寝たことがある。間髪いれず京子の母親が私の父に話をした。息子さんが内の娘を妊娠させました。少しは地域にしれている親父は、あっさりと「そうですか解りました、息子の嫁にあんた所の娘さん貰いますわ」否応なしに私の気持などまったく無視して村岡より先に京子と結婚しました。それこそ愛も何もない結婚でした。

その後村岡は酒造会社の養子になり、いずれ七代目になることが約束される。私は間もなく長男幸雄が生まれ親父は初孫が出来たので大喜び私もそれなりに長男が可愛く育て石田家の跡取りとして育てていました。ある時長男が九才になった頃ふと横顔が小さい時の村岡の顔そっくりに見えて愕然とする。そう言えば長男幸雄が赤ちゃんの時から周囲から幸雄はお母さん似ですねと一度も私に似ているとはだれも言わなかった。考えて見れば村岡が小さい頃の一挙一動が幸雄とそっくりで、例えば歩き方、後ろ姿は紛れもない村岡。待てよ京子が妊娠した時……?村岡は常日頃京子はわしの彼女やと言っていててっきり出来ているものと思ったのに京子の告白で実は村岡さんとは何もなく、本当の心は石田さんが好きやと言われ誘われて二回ベッドを共にした。待てよ。私は信じようとはしませんでしたが、念のため幸雄DNAを調べて愕然としました。幸雄が生まれて二年後に長女が生まれましたが半年後に肺炎で無くしてこどもは幸雄一人です。実子ではなかったのです。あの時村岡は資産家に養子に行く話があって、京子とどんな話があったか。金品の受け渡しがあったのか。二人に何かありその結果が京子と私の結婚に。私の嫁京子は、私と結婚すると居酒屋を辞めて石田家の専業主婦に母親になるべく過ごして居りました。京子の母親もいずれ居酒屋も辞めて、京子の姉と住むようになりましたが、その家は私の親父の持ち物で、借家から家賃のいらない親父の持ち家に住むようになりました。子供幸雄を産んでからは、幸雄を連れて母親の家に入り浸りでした。それは、また私の母が居た関係かもしれませんし、それと石田家の家系になじめなかったようです。その内に私との間に長女が出来たが、小さくして肺炎で亡くしていま す。今から思えば長女も実子であったかどうか疑わしい

嫁の京子は長男幸雄の教育のこと、例えば小学校から私学に行かすとか、まったく無知で

した。それで私の母が幸雄の教育係として育てました。その内に親父の配慮で京子が私共の会社の非常勤の取締役になり、何がしの手当金が入るようになり（一人で生活出来る金額）私の母親が無くなる迄京子は実家の母親の家に入り浸り、私にとっても石田家にとっても良い嫁とは言えずの状態でした。京子の母親が亡くなってから姉と旅行に行く楽しみを見つけて家を空けることが多くなりました。そのかわり私と真知子は誰もいない家で誰の遠慮もなしで抱き合うことが出来ました。私共の家は、表通りには私の家、裏通りに長男が結婚したので長男の家を建て、家と家との裏は繫がっていました。そのため家はそこそこ広く、京子が居ない時は長男の嫁（真知子）に京子がお義父さんの食事たのむねと京子が真知子にたのみ、家に一人でたびたび夕飯だったり朝食お昼も行っていました。何回もその夕飯は真知子と二人きりの時がたびたびありました。現在は皆が大きく大人になったので真知子と二人きりの夕飯も、昼の食事も二人の時が増えています。私共の家の説明で会社に行かなくなった私と真知子と、二人きりでいつでも会う事が理解できたと思います。

二年程前から京子の痴呆症が少しずつ始まり、七月二十五日の長男幸雄からの電話で、夜京子の姿が見えないので家族皆で探していたら警察に保護されていて引き取りに行ったみたい。私が帰ったら何とかするわで話が済んでいるが、心配だ。京子のことは、又後程お話し致します。

何やかんやと考えているうちにＰＭ二時十五分勝浦港に着岸。途端に地元のオジサン達、摩耶を見に来る。「良い船やなぁ、何処から来た」「日本一周しててんねん」エェ怖ないか。「わしも日本一周したいねんけど、怖いからやめた。お前さんら偉いなぁ」実際の話、未知の海に乗り出すのは、本音では怖い。でも乗り出さな何も始まらないので乗り出した。そのオジサン、あんた歳なんぼや。この時七十二才やと言ったら、七十二才やったらもういいわな（命のこと）何を言いやがる、ほんだら七十二才で日本一周してみい。ようせんやろ。時間があるので駅の方に行ってホテルでコーヒーでも飲もか。皆な賛成。と駅の方に行きホテル探す。温泉もあるので、ホテルでコーヒー飲んで観光しながら温泉探して、レストラン探して、順番にコーヒー、温泉、レストラン（三彩亭）で予算は一人三、〇〇〇円。久しぶりに風呂に入って、酒飲んでいい気分、でもちょっと飲み過ぎ。至福至福。

お酒を飲んで船に帰って来てのいきりなりのキャビンでの話。立花さんが、会長さんや皆さんは年金があっていいなぁ、老後も安心でんなぁー（今も老後やが）立花さん何を思いついたか知らんが、老後の話になる。原田が年金だけでは老後は安心とは言えまへんで、これから何年生きるか、立花、神さんだけしか知らんしな、立花さん神さんに聞いてくれや、一同「そや」そんなこと聞けまっかいな。私が中村はどないやねん「私でっか」私はお陰で会長の会社で定年迄勤務させて頂いて退職金もいただいたし、色々考えて少しは蓄えもありますし例えばようけおまへんけど株も少し持ってるし家のローンも早く終わったし、真面目に税金も人並みに収めて来たし、他人から後ろ指さされずに堂々と生きて来たからまあ人生に満足してます。わしも(原田)が早くから老後のことは、嫁はんと相談しながら家族で話し合ってきました。中村さんと一緒で家のローンは、済んでますし、始末して買った株の配当も入って来てますし、第一保険に入ってますがな「中村がわしもや」まあ一生懸命働いて来ましたがな。せやからこうしてキャプテンと一緒にヨットで日本一周できまんねん。私は年寄りになって(今よりも年寄り)甲斐性のない老人弱者に見られたくないし、老後を国の補助金を当てにする惨めな生き方は、私のプライドが許さないので、老後のことは十分前から家内と相談しながら準備をしてきました。私の家内も人間としてのプライドは必要としないならば、もっと遊んで今を楽しむ生活を送っているでしょう。(今迄の人生が楽しくないとは思っていない)見ているると、のらりくらいの生活で、時間に関係なくお酒を飲んだり、人のため社会のために何かするでもなし、老人になって私は年寄りの弱者です。まわりで面倒を見て下さい。と私なら人間としての自尊心が許しません。私は言い訳の人生で生活保護者はあまり好きではありません。特に年を取った時にそれではみじめです。そのために二人を力を合わせ一生懸命働いて来ました。

今迄、何回か会社退職をしてからもこうして遊んでますが、原田が、立花お前はどうなんや?立花さん、私は年金おまへんねん。他の神社の神主さんは、公務員をしながら、神社に用事がある時だけ神主してはるから、年金貰ってる神主さんようけいたはりますけど、ただ死ぬ迄私には神社がありまっけど、ほんならそれでええやないかと原田、すると中村が、そんな心配せんかて今の世の中は、金がなかっても日本は福祉国家やからちゃんとしてくれる。おもしろい話聞かせたろか。以前な海辺にある老人ホームを見つけてな嫁はんとその老人ホーム、海も見えるしええなぁと二人で見学に行ってん。そこでの話がまたあほらしいで、何でや言うたら、わし等、家もあるし車もあるし、第一年金も、株の配当もあるから入られへんねん。老人ホームに入るのであれば有料老人ホーム行かなあかんねんて。その海岸にある老人ホームは、入る人が弱者と言われる人で、何かの理由で国からの補助金がでる人しかあかんねん。心配せんかて今の日本、自分自身の情けなさと屈辱さえ我慢できたら国がちゃんと面倒見てくれる。今の世の中悪いことおまへんで。そのためにわしら七十才超えても、そんな人達だけのためやないけど、まだ税金払ってまんがな。それはそうやけど、その税金本音は物も言われん人のためやなく自分自身のために使いたいわ。

ところで孤独死って何なんやろう。一人死んで行くって本当に身よりも兄弟も、ましてこどももも何も無い人のことかな。災害があり避難所の住宅で今日孤独死がありましたとニュースが流れるが、実際は日本国中で例えば都道府県の町に警察署で一ヶ月に二〜三件の孤独死があると聞きますが一年で何人の人が孤独死があるか分かりませんがその人達は結婚もせず、両親が亡くなれば身寄りのない孤独になってしまうのか。それとも身寄りもあるし、こどもも生まれているのに、こどもも身内も皆知らん顔してほったらかしにしているのか。

兄弟にもこどもにもほったらかしにされて寂しく一人で死んで行くのが孤独死?そんなアホな話はないわ。それは生きてる間に自分のこどもをちゃんと教育しなかったから、アホなこどもができてしまうのと違う、一人寂しく死んでからアホのこどもが生きてる間にちゃんとしてあげたかった。一人で住むという親を家に引き取っていれば良かったと言い訳しよる。「何をぬかしやがる」親をほったらかしにしておいて、死んだら「ちゃんとしておいたらよかったとつべこべ言うな。親不孝者め」そんな人も年老いたら皆にほったらかしにされて一人寂しくそれこそ孤独死するぞ。皆「せやせや」。誰かがやっぱり一人になってもお金が必要やなぁー。お金があったら薄情者のこどももほっとけへんやろうし、又、お金があったらさっさと自分から有料老人ホームに入るわな。お金があれば誰もほっとけへんわー「世の中そんなもんや」。

ここまで読んで最近同い年の同窓生と会ってその時の彼女との話。お互い八十六才。彼女五年前に主人を亡くし、神余川一人自由で気ままな生活を謳歌して二人のこどもを育て、主人と建てた思い出の家で一生を終えるつもりでいたが、娘が心配なので大阪で一緒に暮らさないかの誘いに、住み慣れた家を処分して、今は娘の家で一緒に暮らしているとのこと。彼女曰く、一人で住んでそこで人生を終えた時、孤独死と言われ、他人様に迷惑をお掛けすることになる。他人に迷惑を掛けないで娘に迷惑を掛けて死ぬことにしたと話したことに、彼女のその心構えに十四年前に日本列島をヨットで一周した時、キャビンの中で孤独死の話を思い出し、やはり人間死ぬ時孤独死で他人に迷惑を掛けず娘に死に水を取って貰う彼女の考えに敬服した。

「八月一日」(土)AM五時四十五分、千葉県勝浦港を出る、くもり。それにしても七月一日大阪を出て、瀬戸内海から日本海に入り、津軽海峡を越えて、太平洋に出て千葉の勝浦迄、小泊の手前でセーリング中の小型ヨットに出会ったきりセーリングしているクルーザーに出会いはなかったなぁ。何カ所のハーバーにお世話になったけど、皆とは言わないが大部分のヨットは、ハルに貝殻を付けて、動いた形跡がなかった。日本人はお金が有ってヨットを買うけど乗りに来る時間がないのかなぁ。

房総半島の入道崎を見て鴨川シーワールドを過ぎ、南房総国定公園の野島灯台と州埼灯台を見ながら、浦賀水道の道に差しかかった時、神主の立花さんが、この浦賀水道、古事記には東征ヤマトタケルが走水の海を渡るとき(走水は浦賀水道)風と波で渡れない時に、「弟橘比売命(おとたちばなのみこと)」が「妾御子に易りて海の中に入らむ」暴風で翻弄されている船でヤマトタケルに言い、オトタチバナヒメが身を投じると、荒ら立つ波が収まった。江戸末期にペルーが上陸した浦賀湾のくりはまあたりに、ヤマトタケルが臨時の御所を設け、軍旗を立てたと伝わる岬は、御所ケ崎とも旗山崎とも呼ばれヤマトタケルとオトタチバナヒメを祭る走水神社があります。どこかその辺にこの沖にオトタチバナヒメが侍女と一緒に身を投げたと伝わる。すぐり鼻が見えまへんかぁー「あほか摩耶は城ヶ島に向って進んでるのにそのそんな東京湾の中まで見えるか。

しかし浦賀水道を東京湾に向けて少し入った左側に浦賀港があり、その先の観音崎灯台は日本最初の西洋式灯台で明治元（一八六八）年に作られた灯台である。ちなみに明治の大阪の三台灯台は、天保山灯台（大阪港区）木津川灯台（大阪市住之江区）そして堺灯台（堺市堺区）の三灯台です」それにしてもオトタチバナヒメって偉い女やなぁー今時あんたのためなら死んでいいわと言う女おれへんでー。原田が「口だけ死んでもいいと言う女おるかも知れへんけどなぁー」船の中少しの笑い声。（康子は、あの時、もう死んでももう死んでもいいと言いながらわしに抱きついて来るの、あれはなんやろう）康子のこと思ってるのに立花さん「オトタチバナヒメは、海に縁のある人々を慰霊して航海の神さんになっている」航海安全の神さん無事に大阪迄全員が帰れますように、キャプテンとして心の中でお願いする。そして古事記は、走水の海を渡ったヤマトタケルの命は、「君さらず袖しが浦に立つ波のその面影をみるぞ悲しき」の君去らずが木更津の地名になったとか。

神奈川県で大ヒットした藤山一郎の城ヶ島の雨「雨が降る降る城ヶ崎の磯に」を目指して摩

耶を進め、三浦半島と城ヶ島の間を通ることにする。城ヶ島大橋の下をくぐり、城ヶ島を見ると、人、人、人。釣り舟の船。「雨にむせぶ城ヶ島」の情緒全く無し。昔の面影いまいずこ。でもさすが城ヶ島、油壷、葉山、江ノ島、マリンパークがあるため、ヨット、モーターボートが五〇隻位、海上に出て華やかである。浦賀水道迄来れば、八年前三三フィートの艇(ヨット)を買った時、フィンランドから横浜港に着いたヨットを大阪迄回航したことがあり、経験済の航路だ。この時のヨットはフィンランドの造船会社からファクスで、日本に輸送する前に船をフィンランド迄見に来ないかと案内状が届いたので長男幸雄と二人でフィンランドの会社に見に行った事があります。二人が出来上がったヨットを確認して横浜迄送ってもらったヨットを幸雄と私ともう二人の四人で横浜から大阪迄廻航したことがあります。長男幸雄は、私の跡取りであるので私のしていること、仕事、ヨットにと必ず一緒の行動を共にして居りました。

ヨットに親しみ、そのクラブの代表として小学、中学、高校時代に日本代表として海外のヨットレースに何回か出場して居りました。又、大学では、体育会ヨット部に在籍してヨット部の主将もしていました。何年か前に会社の都合で全行程は無理でしたが、まるまる種子島・屋久島のクルージングに生きの片道を幸雄と共にして、二人は海の男として心は繋がれ信頼し合っています。従って横浜から大阪迄廻航の時も長男幸雄も一緒でした。天気もいいし、ルンルン気分だ。見たことのある大島の北側を通り、伊豆に向かう。前回のヨット回航の時、この伊豆大島附近で、一・一メートルの鰆を釣り上げたことが思い出される。

夕方、真知子からのメールで、主人インドネシアに昼頃成田から出発しました。真知子早くお義父さまに逢いたいです。お義父さまに対して下種な言い方ですが、真知子心底お義父さまに惚れてます（恥ずかしい）言ってしまった。早く帰って来て下さい。

相模湾を一気に横切り、今夜は熱海温泉か何処かに着けようかと話をしながら、皆が熱海と多数決で熱海に決めたが熱海とちがいまんのか。私のわがままで伊東の漁協に着け、組合で燃料の話をしている時、そこに居たオッチャン（後で仲買の渡辺将さんと解る）に聞くと、燃料屋に電話してくれて、その後、摩耶の係留場所も電話してくれて栈橋に留める。親切な人はどこにも居るもので助かること度たび。この渡辺さん、今夜の食事何処か決めてるのか。「いいえ」わしが魚を卸しとるところの料理屋に電話しといたるわ。ありがとうございます。と地図を貰う。聞いていた時間に料理屋に行くと、メンバーだけの店で入れない。仕方がないのでイヤホンで渡辺さんに聞いてきたことを告げると、ドアが開いて、係の人が迎えに来る。

値段が高そうでピカピカで、摩耶の我々は作業服まがいの姿で場違いの所、恐るおそるテーブルに着く。何とかなるやろう。注文にも誰も来ないので、係に人に聞くと、料理は任せてくださ い。どないしよう、一同不安がいっぱい。ご馳走が出てくる。ウエイトレスが、渡辺さんのお勧めです。なに、渡辺さん。「ハイ、ここの料理人です」聞くと魚も卸して、自身もここの料理人。始めに言わんかい。温泉もここの館にある温泉に入れてもらう。どこまで親切や。「ごっつはん」。

長男幸雄は、無事インドネシアに着いたかな。今回は大事な取引があるので私(社長幸雄)が行きベトナムでも取引の紹介の話をまとめると話をしていたが、上手くいけばいいが、先輩社長として気掛かりである。

「八月二日」AM五時四十分、伊東港(イトウサンライズマリーナ)を出港、くもりのち雨、のち濃霧。給水する。昨日は「にしむら」渡辺さんの紹介で行った店、ずいぶんのご馳走が出てきて酒も飲んで、温泉も入って、ずいぶん安くして貰って魚将の渡辺さん、ありがとうございました。伊東を出て、一八マイルで稲取か。そこから一五マイルで下田が見えて来た。昔、太平洋ひとりぼっち堀江謙一氏が太平洋横断に成功した後、日本に帰国、その後四五フィートの堀江氏の船で、横浜行きに同乗して、途中の遠州灘で風と波に翻弄され、やっとのことに下田港に入り、一泊したことがある。そのことが懐かしい。その時は、伊豆半島の南端の石廊崎を西から廻って下田に入ったが、今日は東から西への石廊崎である。それにしても凄い雨と霧で前方が見えずGPSに頼る。下田から石廊崎の海域は、暗礁が多く、通航船も多く、乗揚げ、衝突の海難多発海域である。特に下田から石廊崎の間の後藤根付近は気を付けなければならない。雨と霧で前方が見えないのが危険だ。クルーに全身の注意をするように言う。私は生きている心地がしない。

AM十時四十分、何とか無事石廊崎を交わしほっとする。振り向けば、伊豆の山々がうっすら見える。まさに歌謡曲の「伊豆の山々、月淡く明かりに見せる湯のけむり。あぁあぁ初恋の君を訪ねて」近江俊郎のあの歌が自然に出てきた。君を訪ねて旅また旅と悲しげな歌謡曲ですが、私は真知子と康子が恋しくてたまらないのは、長い船旅のせいか。彼女達はどうしてるやろ。御前崎の灯台が見えるようになる。御前崎も周辺には御前岩があり、多数の険礁がかあり危ない所だ。船が極端に揺れる。原田がキャプテン代わっとくなはれ。操縦を変わる。すごい三角波で操船が難しいので代われと言うはず。先に入港しているカツヲ船の後ろに着ける。PM三時二十分である。

歌謡曲と言えばキャプテン、ど演歌も含めて内容えげつないでんな。「あなたもう一度抱いて下さい」「お前を朝まで抱いていたい」「あなたに私の操を捧げたい」「あなたに抱かれて夢の中」「あなたに抱かれて抱かれて愛のさざなみをくり返す」「この世に神さまがいるならあなたに抱かれて死にたい」「あなたが欲しいあなたが欲しい」等、まだまだえげつない歌詞いっぱいおまっせ。こんな男と女のそのものをべっぴんの歌手が平気でテレビ、ラジオそして大勢の人の前で平気で歌ってまんねんで。聞いている人もチャチャ言うて平気で聞いてるのん、どない思いはりまっか。ほんまやなぁ。歌やからみんな平気で聞いてるけど、文章にして前後をつなげばえろっぽいなぁー。例えば「あなたもう一度抱いて下さい」を前後含めて文章にすると「あなたに抱いてもらって一回目のセックスは終わったけど、もう一回抱いて」は、またすぐ共にしてほしいとなるわな。「そうでんな」うん。考えてみたら演歌もシャンソンもさらっと聞いてるけど、歌詞を分析したら男と女の弄り合いやなぁ。人前で平気な顔をして大きな声で歌えるなんで世の中男と女しか居ないから歌が愛とか恋とかになってしまうねん。

カツヲ船から四、五人船員が降りてくる。皆外国人であった。漁協の屋根に大きなマグロと間違う程のカツヲが見える。ここは、カツヲの基地らしい。この御前崎も二回目である。この御前崎の北東十二マイルの所に静岡県焼津市がある。立花さんの話によると焼津市ゆかりの伝説が火攻めの謀略を仕掛けた国造（東征に抵抗があったことを示す謀略の主を古事記は〈其の国造〉と書いている）らをヤマトタケルが切り滅ぼし火をつけて焼いたことが地名の由来となった焼津市には、ゆかりの伝説が数多く残されていて、駿河湾の沖合には今は水没してしまったが、ヤマトタケルが腰かけたといわれる神岩があったと伝わり焼津神社の近くには、休憩したとされる「御沓脱跡」がある。

また同市大村の用心院には平安時代は近くで野火が絶えなかったために里人が「ヤマトタケルに殺された賊の怨念が火事を招く」として勧進した火伏の神を祭る秋葉院がある。焼津をもう少し清水市の方に行くと羽衣伝承の三保松原がある。そこには、天人の「羽衣が掛けの松」「羽衣の松」として顕彰され、現在は三代目。「羽衣」の原典は駿河国風土記逸文の残る「神女の羽衣」とされる。

〈神女、天に上らむと欲へども羽衣なし。是に遂に漁人と夫婦と為りぬ。蓋し、已むを得ざればなり〉

漁師は最後まで羽衣を返さずとある。天女はしかたなく漁師の嫁になる。雑分として天女は、人間の女性を比べてどこがどう違うか知りたいものだ。そこからまた駿河湾に入っていくと沼津の田子の浦で富士山が一番近くに見える田子の浦の港である。田子の浦のぶっせつ伝説は、田子の浦の奥、沼川と和田川（生贄川）が合流する場所を「三股淵」といった竜蛇が住まい、少女生けにえとしてささげていたという伝説がある。「生贄淵」とも呼ばれた。こんにち伝えられる三股淵の生けにえ伝説は、旅の巫女たちが三股淵に住まう大蛇（竜蛇）の人身御供に選ばれたとい話がある。また田子の浦は駿河湾西海岸を差す名称で、万葉仮名では田万葉が詠まれている。この歌は、皆に親しまれて一度は耳にした万葉である。

「田子の浦にうち出でて見れば白妙の
　　富士の高嶺に雪は降りけり」

そこから清水港（清水次郎長）の方向に来ると三保の浦（三保の松原）があり、また焼津がある。三保の松原の万葉は、

「廬原の浄見の崎の三保の浦の
　　寛けき見つつもの思ひもなし」

「八月三日」(月)AM五時四十分、静岡県御前崎を出港。夜中に何隻かの大型カツヲ船が入港してくる。見に行くと、入港するなり船からカツヲを降ろしている。先程見た通り、ほとんどが外国人である。九州一周した時に鹿児島の山川港で一泊した時もカツヲ船の乗組員はほとんど外国人であった。御前崎港は、大きな港なので、中までうねりが入り、摩耶は出港するまで揺れていた。出港したら、やっぱり三角波。それに霧。御前崎の灯台もはっきり見えないが、ここから遠州灘まで一直線の砂浜であり、少々の霧でも大丈夫、多分この辺が遠州浜で天竜と思ってるとキリが晴れて天竜川が見え出すと米津浜に続いて遠州の大砂丘である。マカシトキ。海岸線よりに摩耶号で景色を見ながら走らせる。チャートを見ていると浜名湖に入る入り口を見つける。よし、浜名湖に入ることに決める。「皆、浜名湖に入るからなぁ」。

二十年程前、東海道五十三次で浜名湖宿を歩いて通ったことがある。昔の儘の松並木の旧道が残っており、情緒たっぷりの浜名街道、その時の浜名湖、海と真水の出入りがあり、潮の流れが速いのを見て、名物うなぎ食べながら驚いた。あの潮の速さ、摩耶大丈夫かなと思いながら、浜名湖の入り口を探す。見つけた、狭い。それに潮の流れと、漁船の出入りが激しく、摩耶二回挑戦するが、無理。弁天様の顔を見るのを諦める。

昨夜は、満天の星空であった。この日本一周の間、満天の星空を見たのは、昨夜と名船港と北浦港であったように思う。浜名湖の入り口付近は漁船でいっぱい。出たり入ったりシラス漁の時期か。二五〇隻位の船が、巾着という漁法でのシラス漁は見ていて圧巻であった。浜松の遠州灘は、名の如く、ずっと松と砂浜である。この沖、昔は真っ暗で横浜行きの夜中にヨットで走行中、暗闇の中から浜辺独特の波の音がしてヤバイ。あわてて船首を沖に向けた経験がある。もう少しで陸揚げする所であった。昔のヨットは今見たいにあらゆる必要な計器類はいっぱい設置されているし、この摩耶号の計器類は二万トンの船に匹敵するとか。しかし昔は航海する時は、海図と羅針盤が無しでは運行することは出来ずトイレも無し、バッテリーも無し、エンジンも無し、ただヨットの場合はこの推進するエネルギーは風だけの船であった。

浜名湖のシラス漁の盛んなのは、天竜川、大井川、菊川が関係があるようだ。ちなみに天竜川の河口で海水を舐めたら塩でなく真水であった。ずっと砂浜である太平洋ロングビーチを見ながら渥美半島と伊良湖岬へ向けると「日の出の石間」があり恋路浜が見える。ここから伊良湖岬まで約一キロメートルに及ぶ恋路ケ浜。伝えによると昔、高貴な男女が恋ゆえに都大路からこの半島に逃れて来たという伝説に基づく名称とか。

三重県、伊良湖に到着、ＰＭ一時四十分、早い。給油二〇〇ℓ、給水。クラブハウスで軽自動車を借りて、島崎藤村の「名も知らず遠き島より流れきたる椰子の実ひとつ」の歌詞の碑を見に行く。聞くところによると、一八九八年の夏、一ヶ月半程伊良湖岬に滞在した柳田国男が浜に流れ着いたヤシの実の話を藤村に語り、藤村がその話を元に創作したものが「椰子の実」であるとか。この岬には、伊良湖、東大寺瓦窯跡があり、やしの実博物館があり、一〇〇種あまりにおよぶ世界の椰子の実を収集し紹介している。又、岬から渥美湾に入って行くと、西浦温泉があり、そこがヨットのメッカになっている。ついでにメロン畑に行ってメロンを買う。伊良湖岬は神島周辺の険礁群があり、伊良湖水道は潮の流れも複雑で、危険極まりない、要注意。幸雄無事にインドネシアに着いたかな。

「八月四日」（火）ＡＭ五時五十分、愛知県伊良湖を出港。快晴。知多半島の先端、伊良湖灯台附近は、潮も速く、難所である。ゆえか椰子の実が流れ着いたり「東海の」で始まる、小島の磯の白砂に我カニとたわむる」石川啄木の詩も理解できる。でも最近は「メロン」が有名か。

加布良古水道を難なく通り過ぎ、大王崎を目指す。この海域も暗礁あり暗岩ありで、三回位ヨットで通ったがいつ来てもいやな所。大王崎の灯台見えてるけど知らん顔して通り過ぎる。大王崎から先志摩迄、小島、大島、鳴神、紙ノ島、特に小島大島の間ヨットで通るのいつもキライ。それでも賢島ではヨットで三回位は来たことがある。小さな島、大きな島と景色はいいが私とは馬が合わない言うかあまり好きではない。いやな所。出来るだけ安全を考えて沖を走ろう。会長、岸寄りに走ってもらえば景色を見て古事記、日本書紀の話ができますか。「そうやなあ。どんな所があるねん」例えば、楯ケ崎は神武天皇が上陸した柱状節理の大絶壁があったり、花窟神社は、世界遺産にも登録されている日本書紀にも登場する日本最古の神社があり、坂上田村麻呂が鬼退治したと言われる鬼ケ城があります。又、神内神社は、子安神社とも言われ自然岩の岩窟が神殿になっている神社。熊野速玉大社があります。ふぅーん。誰かがそれにしても大きなうねりですね「うん」横浜から息子とヨットを回航した時も大きなうねりやった。

波切港を探したが見つからず。本気で探す気なしで紀伊半島を目指すが、それも諦めて、和歌山の勝浦港に入ることに決める。昨日、クラブハウスの軽自動車を借りて買い物もメロンの他なぜかキュウリとプチトマトは、この航海中ずっとクルーが買い続けてきた。昨日もキュウリとプチトマト三パック買って船に帰ったら、クラブハウスの兄ちゃんが差し入れにプチトマト二キロ頂く。私以外は、なぜかみんなプチトマトが好きで、この航海中切れたことがない。三パックと二キロのプチトマト、当分の間、私も消費に協力するか。それと知多半島でメロンを買ったつもりが誰もが誰かが買うと決め込んで結局誰もメロンを買わずでメロンなしでメロンでメロン。プチトマトで我慢するか。

勝浦に近づくにつれて夏が来たと海がキラキラ反射している。太陽の恩恵を受けて光るさまは、まさに夏。やっと夏がきた感じ。気温始めて三二度。暑い。和歌山県勝浦にPM四時五分に到着、給油一〇〇ℓ。台風八号発生。この浜名湖の中には、弁天島（東海道新幹線はここ静岡の弁天島を通過する）があり、その奥にはお寺と間違う舘山寺温泉がある。又、うなぎの養殖では日本一である。浜名湖の入口から浜名バイパスの潮見坂を過ぎると、国道四二号線、この四二号線がなぜか伊勢街道、この街道が伊良湖岬迄続く伊良湖から海図を見ると鳥羽迄一五マイルのお伊勢さんには、伊良湖から船で行くことが近道である。昨日は満天の星空であった。勝浦温泉にたっぷり浸る。

真知子からのメールで、「主人無事にインドネシアに着いたと電話ありました。あさってはベトナムに行くそうです。お義父さま、真知子、生理が始まりました。お義父さまがお帰りになる頃は、綺麗な体で抱いて頂きます。好きです」それからお義母さまが心配です。昨日も近所の人につれられて帰って来ました。お義母さまから目を離せません。

「八月五日」ＡＭ九時四十分、勝浦を出港するも霧と大雨のため引き返す。昨日、勝浦に着岸した所の前に「マグロ直売」の看板。昨日は着岸が遅く店は閉まっていたので、今夜は青森の大間に次いで、マグロに決める。そこで、マグロ一キロのサシミを買って船に戻ると、すぐにオッチャンが来て、これ食べてみぃ。クジラのかわ。早速、酢味噌を合えてサケのさかなに。飲みながら台風八号が気になる。この勝浦にヨットで四年前来た時のように「さんますし」売りのオバチャンが来るかなぁ。港の中、少し明るくなったので、スケベ根性出して出港するも出るとやはり霧と大雨、また引き返し着岸。

時間を持て余し、マグロで酒盛り。マグロ一キロは多い。折角やからキャプテンの奢りで太地にクジラ料理食べに行くかと提案すると、みんなすぐ賛成。昼過ぎＪＲで太地迄行き「白鯨」の店でクジラ食べる。船に帰ると、マグロ屋の親父が安い温泉の銭湯があると教えてくれる。

一人三二〇円で掛流しの温泉、安い。しかも情緒ある昔ながらの風呂屋で熱めであった。今夜もここの風呂屋に来ることに決める。もう高い「うらしま」に行くことも無くなる。街をぶらぶらしていると昨日、船を見に来ていたオジサン達に出会う。何や出て行ったと思っているのに、マグロの兜煮の店、教えてもらう。お酒も美味しかった。

ＰＭ五時頃、ダンディな紳士が摩耶を見に来て海の話、航海の話などした後、小さな袋に入った「さつまいも」を頂いた。その上、これからもいい人生を過ごして海と仲良くしてください、との話。白髪の老人。でも、年齢は私より二、三歳は下かな、と思いつつ、年を聞いて驚いた。私より五才上、まいった。羨ましい位綺麗な歳の取り方、私には無理。その人に敬意を表した夕暮れの勝浦でした。今日も飲んだり食べたりで、はっきりとした食事時間わからず。でも、太陽が沈んだので、マグロの造り（又、マグロ一キロ買う）で、一杯。紳士から貰ったサツマイモをレンジでチンして食べて、今夜のディナーでした。

勝浦に着岸した前にマグロ屋の二軒となりに古い船具があり、前日に頼んでおいたモリが出来たと摩耶に持って来たので受取る。マグロを突くためのモリである。その昔の話になるが、私が四十五才位の時に連休を利用して内の社員と太地にクジラを釣るために五日間程滞在したことがありました。地元の漁師の漁船をチャーターし、私のヨットでクジラ釣りに挑戦したことがありました。その時にマグロの大群に出合い、漁師の「モリ」でマグロを突いたことがあったので、これからもヨットに乗る人生を送る時に、又大きな魚と対面した時に使用する必要があると注文しときました。その時、読売テレビがクジラ釣りが珍しいと取材に来て、テレビで放映されたことが思い出される。次の寄港地白浜には、大阪のヨット仲間が待って居てドンチャン騒ぎの宴会するつもりです。もう終着の大阪は直ぐです。八月六日には、大阪に着く予定です。日本一周も、あと四～五日で完成すると思うと感無量です。

「八月六日」AM五時四五分勝浦を出港する。くもり。雨と霧で勝浦に丸二日遊ぶ。温泉も四回入り至福に絶好調でした。勝浦を出て太地を右側に見て潮岬が本州最南端（写真）。その潮岬を廻ればすぐ白浜と思いながら潮岬（潮御崎神社）の万葉を考えていると、真知子からの電話。

お義父さま大変です。幸雄さんの乗った飛行機が落ちたみたいです。「何、もう一度言うてみい」今ベトナムに先に行っていた中住さんからの電話で幸雄さんの乗った飛行機がベトナムで落ちて今捜査中でまたはっきりしませんが、全員があかんみたいですと中住さんからの電話です。また詳しいことが解れば電話しますと言って切れました。「よし、直ぐ帰る」オイ中村、原田直ぐ大阪に帰るぞう。船は串本港に置いとこ。造船会社にすぐ電話する。「社長わしゃ船串本に置いとくから取りに来てくれ」それから「中村会社に電話してもっと詳しいこと聞いてくれ」出来るだけ詳しい状況を集めてくれそれから串本駅から特急の時間調べてくれ。航海日誌はここ迄にしよう。

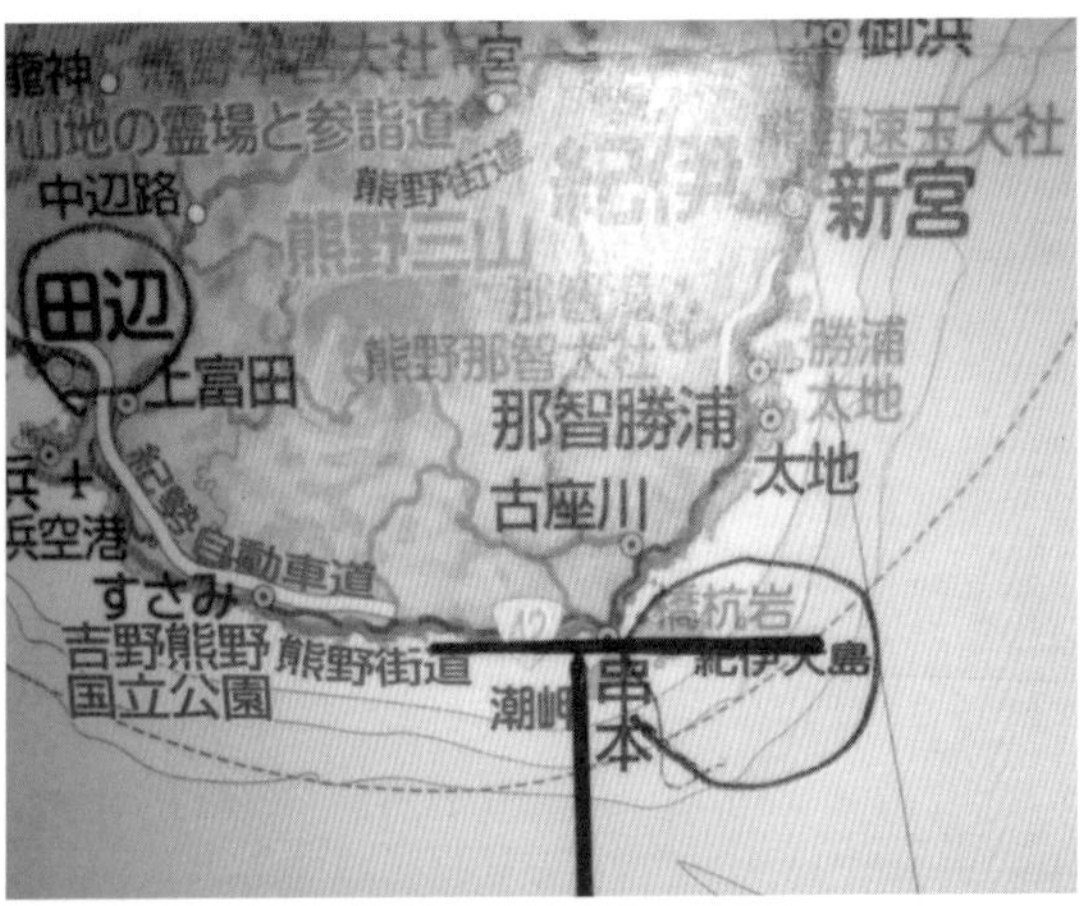

本州最南端の潮岬（和歌山県）

その後の航海日誌

「八月十日」今日慌ただしく長男幸雄の告別式が終わる。妻の京子は三日前より入院させている。幸雄のことを理解できる状態ではないので、知り合いの病院に入院さす。慌ただしかった。

六日に和歌山県串本から帰宅したが、飛行機事故が新聞に掲載されたため広く世間の知ることになったため、何が何だか解らずじまいで今日終わる。

今静かに幸雄を偲ぶが何も思い出せないでいる。ただ小さい時の幸雄がぼやーっと浮かんだり消えたりです。幸雄が四～五才の頃夏になれば、川によく連れて行き、川魚の居る所を教えたり、その魚の取り方を教え、取ったことなど、小学生になるとスキー場に連れて行きスキーを教えて一緒に滑ったこと、よちよち歩きの可愛かった姿の幸雄、生まれて来て四五年を一緒に過ごして来たのに何も思い出せない。ただ物心がついた時から終わるさっきまで父親の私を心から慕い続け申し分のない私のこどもでした。

また何か思いだすことがあると願い、私は社長であった幸雄が残した会社のことを考えねばなりません。社長を亡くした会社、従業員九〇名のことなど早急に決めなくてはなりません。今私の頭の中は仕事以外のことはありません。

「八月十一日」すぐ幸雄の初盆である。

「八月十二日」

「八月十三日」

「八月十四日」

「八月十五日」我が家の従来通りの盆が終わる。会社の役員等、それと中村と原田を交え、会社の今後のことを話し合う。とりあえず私が会社に暫く出社して、おい々会社の今度のこと先のことを整理することに社員の同意を得た。慌ただしくなるので、航海日誌は少し落ち着けばまた再開することにする。

「十月二十日」(火)時間が少し取れたので、今日康子と会う。久しぶりに会った康子から幸雄のことの話から少しぎこちない軽い口付けで分かれる。真知子とは家で顔を合わせるがまだその気になれずにいる。

「十月二十一日」会社の役職の人事も終わり、原田に非常勤の相談役になって貰う。会社と言っても私のオーナー会社であるので、運営はやりやすいが、責任は重大である。

「十月二十五日」国内の得意先の挨拶回りはだいたい終わり、次は海外の得意先の挨拶が待っているで、次は海外に行くことになる。真知子の会社での立場（役職）に苦慮している。幸雄の長男、信彦は関連会社にお世話になっていたが、会社に帰ることが了承され十一月から我が社の社員になる。十一月始めの海外の出張には信彦を連れて行くことになっている。

「十月二十六日」お義父さま真知子を抱いて下さいと言われて久しぶりに真知子を抱く。ことが終わるまで目に涙がいっぱい。一年間真知子を抱くことをやめるべくであったが早くも決心くずれる。康子とはまだセックスはなし。

「十月二十八日」今日会社に中村に来てもらい、孫の信彦の指導役をお願いする。今は会社の帰りに軽く中村、原田と居酒屋に行くことが復活している。少しの楽しみ。時々立花さんも加わることもある。

又、日本一周航海中に書けなかったことを思い出し少しずつ書こうと思う。それから七月二十五日に少し触れましたが、友人の村岡が養子先の老舗の酒屋から追い出されてタクシーの運転手にどうしてなったかの話もありますし、海外の出張が終われば少しの時間が取れそうなので。


「十月三十日」明日から信彦をつれて海外に出張するので、その前に村岡のことを少し話します。

幸雄の死が飛行機事故であったので、新聞、ラジオ、テレビ報道されて知ってる人も知らん人も大勢の人が参列して頂いた中に、あの村岡がおりました。聞けば昨日実家に帰り、今日告別式に参加するため、早目に来て私に会いに来たとのこと。午後からの告別式に村岡は午前十時に来たので形式的な挨拶のあと、村岡と話す時間があったので。

村岡は、私の長男幸雄が自分（村岡）のこどもであることは知っている筈で、私が幸雄が村岡のこどもであることを知っていることは知らない筈である。話の中で、幸雄は私にとって申し分ない息子であったが、何が一番悲しいかと言うと幸雄には子だねが無かったことが一番悲しいと親友の村岡に話をすると、村岡エッそれでどないしたんと村岡が聞いて来たので、今から話す事は親友のお前しか知らない話になる。

嫁の京子も知らんので世間に知れるという事は、お前が誰かに喋ったことになるが誰にも喋らへんか。村岡が絶対に誰にも喋らないと約束したので、話をもっともらしく淡々と村岡に話す。実にいい息子の幸雄が父の私に話したこと、このままでは血を受け継ぐ子が石田家にいないことになるので幸雄が、私の精子を真知子に人工妊娠をさす話である。「村岡ェ」信じられない話を幸雄本気で私に話をしよった。初め私は断ったが、あまりにも幸雄が石田家のことを真剣に考えて私に頼むので私の精子を幸雄に渡し、真知子から生まれた長男が信彦で、長女は音子や。もちろん戸籍は幸雄の長男であり、長女音子になっているけれど。村岡の顔が引きつっている。私は知らん顔してなおも話す。

私の精子を幸雄の嫁真知子の卵子に挿入して生まれた長男を幸雄が私のＤＮＡ、長男信彦のＤＮＡを調べて幸雄が、お父さん、信彦がお父さんのこどもであることは、九九・九％。お父さんのこどもで良かったと私に話をして満足をしていた。長女の音子も同じ私のこどもであることは幸雄が調べて、間違いない事実である。真知子は私の精子であることは知らない。これは、私と幸雄だけの話や。「村岡悲しい話やろう。親の悪事が子に報いと言うけど、わしそんな悪い思いないけど」ともっともらしく村岡に問いかける。その時村岡は何を思おうが私の知ったことではなく、ただ石田家の跡取りが幸雄を通じて村岡の孫ではないことだけを村岡が理解することが大事であるから。私は話の中で子種が無かった幸雄が可哀相と何回も村岡に話す。もちろん長男信彦も長女京子も、私と真知子が合意の上で真知子と交尾して生まれたこどもであることは村岡は知る由もない。

ここで追い打ちに、村岡お前何で養子先を追い出されたんや。今、福岡でタクシーの運転手してんねんて。村岡、親友と思っている私に養子先を追い出された話をする。旧家で歴史ある養子先の生活ぶりは、普通のサラリーマンの家庭に育った村岡には驚くばかりの豪華さで、例えば器にしても見たこともない高価な物であったり、食堂の間にもシャンデリア付きの大きな部屋で女中付きである。そんな生活の中でも仕事を覚えるために、だんだん先代の代わりに酒組合の寄り合いに出るようになった頃から、組合の役員会が終われば、二次会である。

先代はその組合の副理事長でその先代の代理でそこの若旦那と持て囃されて、新地（大阪で高級とされる場所）に行っても若旦那と、又、三次会に行く生活が　続くうちに、女性にもてるようになって村岡自身も何か社会的に偉い人になった気分になった。その頃、新地のある店の女の子とねんごろになって、こどもが出来て、その女が貴方のこどもを産みたい懇願されて隣町に家を借りて、その内に又、二人目のこどもが出来て、その頃には、先代の代理で組合、協会に時々出席することが増えてお金もそこそこ自由に使えるようになった頃のある日、先代の舅からと、嫁から興信所の書類と写真を見せられて、女のことがばれて、何の言い訳をする間も無く、即追い出されてしまってん。

急なことで女とこどの生活もあるし、友達を頼って福岡に行きタクシーの運転手。それから女のことがなんでばれたか、なんぼ考えても分かれへんねん。「ふーん」と私。（村岡よ、それはな）と心の中で、実はその頃旧家の若旦那と持て囃されて悦に入っていた村岡がある酒の席で私と共通の友人に自慢したらしく、女のことを喋ったことを私がその友人から聞いて、私が興信所に頼み調べた証拠を養子先の先代は私が小さい頃からよくしった厳格な人で不正が大嫌いな人であることを知っていたので、先代と養子先の娘も勝気な女であったので、興信所の書類二通をそれぞれの家に送ったのである。それが、私の思いのままになり私をだまし、うらぎった村岡は養子先から追い出され、今福岡でタクシーの運転手である。

そこで村岡が「オイ奥さんは」ときよった。「うん」京子は可哀相に、二年前位から痴呆症になって今は三ヶ月前から施設に入れてんねん。夜な夜な歩き回って近所に迷惑をかけてどうしようもないねん。それでも時々、自分自身を取り戻して正気になる時もあるねん。それが幸雄が飛行機事故で死んだとき、たまたま正気を取り戻したので、幸雄が飛行機事故で死んだと言ったら、半狂乱になって、それから完全にぼけよった。あいつ京子は、自分のことばかりで、孫をあまり可愛がらなかったので、孫も施設に行きよれへんねぇ。一人最後になって可哀相なやつや。と村岡に強調した。

私は村岡が養子先から追い出された時から私にしたことに倍返ししたと満足していましたが、まだそれに「わ」をかけて幸雄の死んだことを、言わずに済むことを、ことさら京子に話したこと。ざまあみろ村岡。お前は敗北者や。思い知ったかと私は心の中で叫ぶ。村岡の養子先の酒造会社も老舗にあぐらをかき時代に乗りきれず村岡のこども男の子三人いたが兄弟喧嘩がたえず廃業して今は、屋敷跡にマンションが建っている。そのマンションの持主は誰か私は知りません。

「十一月七日」インドネシア、ベトナム、台湾から帰る。海外での七日間私は孫の信彦とずっと一緒の部屋で、長男幸雄が信彦に話せなかったこと、特に石田家のしきたり、お盆のこと、当主になったら家を三軒建てること、会社のこと等信彦に話す。いずれ会社も信彦が社長になることも、私の実子ではなく、あくまでも孫として接したつもりですが。

「十一月九日」午前会社で役員会を持つ。私が社長に復帰、信彦が常務取締役、真知子が監査役、中村と原田は取締役になってもらう。信彦が社長に就任することを急がなければならない。真知子は週三回会社に出勤することとなる。あと取締役営業部長、取締役会計部長、それと人事部長を決める。

「十二月十五日」信彦が結婚する。中村と原田、それに会社の役員が出席する。立花さんにも招待状を出し来てもらう。もちろん、それぞれご夫婦の出席である。康子も立花さんと一緒に来ていた。真知子と康子は幸雄の告別式で顔を合わせたが、華やかな場所でじっくり顔を合わすのは初めてだ。京子は施設から出れず。まぁ血が繋がってないからいいか。

「十二月二十日」信彦を社長室に呼び人生について私の考えを信彦に伝える。人は人間である以上、地図の無い人生は考えられない。人には言葉、感情、芸術もある。であるから生きるためには、人生の地図が必要である。計画が必要である。人生に地図を持たない人は、せっかく人間に生まれたのに意思と意志を持たないのは、私は人間失格だと思っている。人は地図を持つことによって、生きる喜び、楽しみ、そして少しの悲しみを感じとることが出来る。それが日々その人の進歩であり、教養である。地図を持たない人生なんて無用である。それと紳士であれ。人に迷惑を掛けるな。社長になれば会社のビジョンを考えよ。少しでもいいから前に進め。など私の親父から教わったことを私の思いも加え信彦に話をした。

年が変わり

「一月二十日」会社を通常の姿に戻すことで忙しい。会社勤めを始めた真知子と会社で顔を合わすことがない位忙しい。康子とも信彦の結婚式以来逢ってない。このまま済んでしまうのか。今は真知子も康子も抱きたいという気持ちが湧いてこない。その上京子が施設から病院にうつされて命がいつまでもつか時間の問題となっているのもその一つの原因になっている。

それと航海日誌が日常の日記になりつつなっているように思えて、ここらで今回の日本一周の航海は終えようと思うので、ここ迄とする。

その後の後悔日誌

十四年後の「三月二日」八十六才になり、ぼちぼち終活をしていて、日本一周の日誌を見つける。懐かしい。十四年前に戻ってみよう。あれから?何のあれからと申しますと、半年後に嫁が亡くなり、告別式も済ませてから少し元気を取り戻し、康子と、真知子と又よりを戻しました。

よりを戻したのは、あくまでも十四年前のことで、真知子とも康子とも関係は暫く続いたが、その内真知子は信彦を一人前の会社の後継者にすべく、週三回の出勤を週五日にして信彦の背中を押し続けるようになって、その上信彦にこどもが出来て、孫を可愛がるようになって、めったにお義父さま抱いて下さいと言わなくなった頃から、娘音子にもこどもが出来て、会社と孫とで忙しく、現在は孫男女合わせて五人のおばあちゃんである。年も五十六才になり昔のように初々しい女性の姿は見れなくなりました。

その内に私の方から真知子にお願いして時々夜を共にしましたが、その内に真知子がその気になっても私の方が思うようにいかず真知子の手助けが必要となってからは、私にもプライドがあり、真知子にお願いしても、今は忙しいと断られることがしばしばになり、今は接触もなくなり、あのお義父さま、今日真知子を抱いて下さい。そして真知子の好きな後ろからして下さい。お義父さまがお義母さんのようになったら、真知子がちゃんと面倒みますから、安心して年を取って下さいね。あれは幻であったのか、または夢を見ていたのか。そのことを思えば今となっては夢幻泡影か。

康子も今年六十四才になり、孫も長男に三人長女に三人と六人の孫に囲まれて、十年前迄は康子にせがまれてベッドを共にしていたが、康子の「あこ」には白髪がちらほら見えていた。それでもまだ康子の激しさは昔のままであったが、最近は私の方がついて行けず途中でギブアップが続き、それから私がメールしても返事が返ってこなくなりました。「康子社長を心から愛しています。康子のお願い康子が死ぬ迄愛して下さい。そして康子の命は社長だけのものです」あれも夢幻か。空しいなぁー。八十六才になった老人の溜息か。愛とか恋は若い時に相手と寝るための、やはり便利言葉か。

私の人生はあとわずかであるので、男の本音を言います。このことはもちろん世の中の女性から、けんけんがくがくと非難されるのを覚悟して男の本音を。

人間以外の動物はともかくとして、人間の男性は女性に対して愛とか恋とか別にして、女性を抱くことが出来ます。昔といっても昭和三十三(一九五八)年まで日本にも、多分江戸時代から昭和三十三年迄遊郭がありました。遊郭に行って女の人を見て、この女がいいとその日のうちに、その女の人とするのです。愛も恋もありません。まして子孫を増やす訳でもなく、ただ男の欲望で女を買うのです。

動物に例えれば、昔小学生の時に母方の田舎に疎開した時、農家には田畑を耕作するために牛や馬を飼っていたのですが、馬でも牛でもですが雌牛が交尾の時期がくると四六時中もうもうと泣き叫び、その泣き方を見極めて家主がその雌牛を雄牛の所に連れて行き、こどもを産ますために交尾さすのです。次から次へと雌牛が来て、そのたびに雄牛は、雌牛の上に乗って交尾します。その種牛は雌牛を見ると本能的に一物を大きくして雌牛の膣に入れて交尾します。愛も何もありません。

人間の男もまったく一緒で例えば強姦ですが相手は誰でもいいのです、ただ女性であればいいという人間としては許すことの出来ない行為ですが、愛も恋も何も持ち合わせてはおりません。ただ人間には言葉があるので、その女性を抱きたいと思えば貴方を愛していますと言って女性をその気にさせて、合意の上で成立するのでした。その時にお互いが独身であれば責任もあって結婚という事が生じます。独身ではない者同士ならば結婚ということは無く、お互いが好きとか恋とか言って楽しむのです。

真知子と私の場合は初め二人のこどもを産むことから始まり、産むことが済めば、あとは男と女の関係になって楽しんだのであります。

康子の場合は初めからこの女（康子）を抱きたいと思い、抱くために愛とか恋とか相手に伝わりお互いが楽しむ行為であったのです。ただ、お互いの心とか気持ちを高めるために、好きです。愛してます。と相手の気持ちを和らげれば、どちらからもセックスが愛と思いお互いが燃え上がり、素晴らしいものになり又次にそして次にと続くのです。又秘密であれば大人としての責任はありません。何かに分かって裁判になれば別の話ですが。

後悔日誌をここ迄にするための追伸ですが、それは航海中に日誌に書けなかったこと、例えば船を係留して食事に行き酔っ払って船に帰って来た時に誰かが足を踏み外して海に落ちたこととか、古事記の中で話があまり長くなるので書けなかったこと、例えば神無月が終わって神様がそれぞれの社に帰る時、十九社とは別の所でお別れの宴会があり、それぞれの神様がお酒を飲んでカンパイがあったり、神様のスケベイの話やら、神様の怖い行為とか、それはまたの機会にして、私は真知子のことも康子のことも人生の途中の夢、幻として忘れることにしました。

そしてまだ少し生きそうなので、第五の人生を求めることにしました。それは設備の整った有料老人ホームに入ることに決めました。その老人ホームの企画でバスツアーや、できたら海外旅行やで余生を楽しみたいと思います。又そこで素敵な、例えばまだ潤が出るであろうと思われるおばあさんと出会いがあれば一緒に旅行に、又は、私の船にお誘いするなりして、お茶の飲み友達として、残り少ない人生を欲望が有る限り楽しみたいと思います。もう愛欲は無いと思いますが。

それから私を裏切った友人の村岡は、風の便りによれば六年前に一人寂しく死んだとか。

私の長男幸雄の告別式に来た時には、もう村岡の嫁も二人の娘も村岡に見切りをつけて一人暮らしであったらしい。

最後に人生のある期間、幻でなく本当に生きてる実感があり楽しかった。真知子と康子には心からありがとう……。

人間っておもしろい。身勝手で年を取り、時間が過ぎれば、真知子と康子に約束していた誕生日やクリスマスそれにお年玉等を私が死ぬまで愛しい二人に送り続ける約束を、好きも愛も無くなった今送ることも無くなっている。若い時は若い時の思いがあり、年を取れば考えも思っていたことも変るものである。もちろん真知子も康子も思いが変わってしまっている。

世の中、男と女が居り、それぞれの人生(生き方)がありますが、例えば真知子と康子ですが、二人共私と二十年、三十年関係が続き愛とか恋とか、このまま死んでもいい程幸せですと燃えに燃えたのに、結婚して家庭を持った夫は何も知らず、夫が知らない所でその妻は、夫以外の男と腰が抜ける程して、二人は涼しい顔をして孫達に囲まれて生活をしている。思えば女は強い意志を持った生き物である。これからも真知子と康子との関係は私は死んでも他人には告白しないことを約束しなければならない。

終わろうとしたのに又一つおもしろい話を思い出した。摩耶号をある漁村の港につけた時、御多分にもれず漁師達が摩耶の見学に来た時、女連れの漁師が来たので、いつものことながらそこに立花さんが居ったので、その漁師の奥さんが摩耶に乗るのに手を差し伸べた手を奥さんが握って船に案内した時に、奥さんが、こんな柔らかな男の手を握ったの初めてで(その後で分かったことですが)夜中にまたその奥さん(年は五十才位か)が摩耶に来て、立花さんに、わたしをこの船で連れ出して立花さんが住んでいる近くにわたしを住まわせて下さい。二、三日したら自分の住まいも探し、自分の食いしろ位は働いて立花さんに迷惑はかけませんのでお願い連れ出して下さいと立花さんをきつく抱きついて、立花さんから離れようとしませんでした。

話を聞くと生まれてこの方、あんな柔らかい男の手を握ったのは初めてで夫の手はゴツゴツでわたしの手もゴツゴツですが、世の中にこんな優しい手をした男の人のそばで住みたいと思ったらしい。その奥さんは本気でこども(もうこどもは二人共働いているとか)を捨てて、夫も捨てて、立花さんのそばで住んで女としての幸せを掴みたいと泣きながら立花さんに抱きついていた。航海中にこんなことがあったのを思い出しました。奥さんにはわたしからこんこんと話をして丁重に帰ってもらいました。立花さんは、その奥さんに惚れられ、神に仕える神主さんは、ただただじたじとしているだけでした。

船による日本列島一周は、海から見る美しい日本の景色は、生涯忘れ得ぬ航海でした。

〈著者略歴〉

渡部　信次郎

本　　名	田中　喜佐雄（たなか きさお）
生年月日	昭和9年7月15日生
所　　属	池田郷土史学会 会員
	淀屋研究会 会員
著　　書	「淀川と物流－江戸時代－」（平成8年刊行）
受賞歴	平成 3 年　運輸大臣表彰
	平成 6 年　法務大臣表彰
	平成 8 年　大阪府知事表彰
	平成 8 年　黄綬褒章
	平成 11 年　大阪府知事表彰
	平成 16 年　交通栄誉章緑十字金賞
	平成 17 年　瑞賓雙光章
	その他

参考資料：サンケイ新聞

タグボートによる日本列島一周の航海日誌

発行日　二〇二一年五月

著者　渡部　信次郎
発行所　株式会社センタ・テコ
印刷　タツミ印刷株式会社

青森
秋田
岩手
山形
宮城
福島
新潟
栃木
富山
群馬
茨城
長野
埼玉
岐阜
東京
山梨
千葉
神奈川
愛知
静岡